U0910999

新版 雅俗文

化書系

樸初題

席面文化

李煜

吕长鸣 著

中国经济出版社
CHINA ECONOMIC PUBLISHING HOUSE
·北 京·

图书在版编目（CIP）数据

席面文化 / 吕长鸣著. --北京：中国经济出版社，2013.3（2023.9 重印）
（新版“雅俗文化书系”）
ISBN 978-7-5136-2155-7

Ⅰ. ①席… Ⅱ. ①吕… Ⅲ. ①礼仪-文化-中国-通俗读物 Ⅳ. ①K892.26-49

中国版本图书馆 CIP 数据核字（2012）第 283630 号

责任编辑　宋庆万　张　博
责任审读　霍宏涛
责任印制　张江虹
封面设计　任燕飞装帧设计工作室

出版发行　中国经济出版社
印 刷 者　三河市同力彩印有限公司
经 销 者　各地新华书店
开　　本　880mm×1230mm　1/32
印　　张　7.5
字　　数　168 千字
版　　次　2013 年 3 月第 1 版
印　　次　2023 年 9 月第 2 次
定　　价　39.80 元
广告经营许可证　京西工商广字第 8179 号

中国经济出版社 **网址** www.economyph.com **社址** 北京市东城区安定门外大街 58 号 **邮编** 100011
本版图书如存在印装质量问题，请与本社销售中心联系调换（联系电话：010-57512564）

季羡林序

(第一版“雅俗文化书系”序)

在中国,对于文化艺术,包括音乐、绘画、书法、舞蹈、歌唱,甚至衣、食、住、行,园林布置,居室装修,言谈举止,应对进退等方面,都有所谓雅俗之分。

什么叫“雅”?什么叫“俗”?大家一听就明白,但可惜的是,一问就糊涂。用简明扼要的语句,来说明二者的差别,还真不容易。我想借用当今国际上流行的模糊学的概念说,雅俗之间的界限是十分模糊的,往往是你中有我,我中有你,绝非楚河汉界,畛域分明。

说雅说俗,好像隐含着一种评价。雅,好像是高一等的,所谓“阳春白雪”者就是。俗,好像是低一等的,所谓“下里巴人”者就是。然而高一等的“国中属而和者不过数十人”,而低一等的“国中属而和者数千人”。究竟是谁高谁低呢？评价用什么来做标准呢？

目前，我国的文学界和艺术界正在起劲地张扬严肃文学和严肃音乐与歌唱，而对它们的对立面俗文学和流行音乐与歌唱则不免有点贬义。这种努力是无可厚非的，是有其意义的。俗文学和流行的音乐与歌唱中确实有一些内容不健康的东西。但是其中也确实有一些能对读者和听众提供美的享受的东西，不能一笔抹杀，一棍子打死。

我个人认为，不管是严肃的文学和音乐与歌唱，还是俗文学和流行音乐与歌唱，所谓雅与俗都只是手段，而不是目的。其目的只能是：能在美的享受中，在潜移默化中，提高人们的精神境界，净化人们的心灵，健全人们的心理素质，促使人们向前看，向上看，向未来看，让人们热爱祖国，热爱社会主义，热爱人类，愿意为实现人类的大同之域的理想而尽上自己的力量。

我想，我们这一套书系的目的就是这样，故乐而为之作序。

季羡林

1994年6月22日

序　二

吕长鸣同志请我为他的新作《席面文化》作序,我欣然应允。我和长鸣同志相识多年,情意深厚,他孜孜不倦、求真务实的研究精神,的确令人感动;况且,饮食文化、席面文化是商业文化的重要组成部分,作为北京商业文化研究的同人,我十分高兴向读者朋友们推荐这本书。

胡锦涛同志曾指出:“当今时代,文化越来越成为民族凝聚力和创造力的重要源泉。”鲁迅先生也认为:“文化是骨髓里的东西。”历史证明:任何一个社会的进步与发展,都是以其特有的文化为支撑的。我们倡导席面文化,正是因为席面文化体现出餐饮业的“精、气、神”,体现出饮食文化的一种追求、一种境界、一种品位、一种精神。

席面文化是一种社会文化现象。“民以食为天。”中国几千年的文明史,形成了既具有各自地域特色又包含统一民族精神的传统饮食文化。饮食要讲究色、香、味、型、营养,要提供优雅的环境和宜人的服务,这就有丰富的文化内涵。那么什么是中国席面文化的内涵呢?我认为，中国席面文化的内涵可以概括为四个字：一是精，孔老夫子就讲“食不厌精”，许多外国人面对中餐的席面，均情不自禁地惊叹“这是精美的艺术品”，并不忍下筷；二是美，包括味道美、环境美、造型美、餐具美；三是情，在中国，饮食是人们交流感情、增进友谊不可缺少的一部分；四是礼，自古以来，我们的饮食就非常讲究，有礼仪、礼貌。这四个字能否代表席面文化的内涵，可以再研究。总之，要把席面文化的内涵搞清了，进而完整地研究饮食文化的内涵，可以帮助我们更好地弘扬饮食文化这份中华民族的宝贵遗产。

翻阅《席面文化》这本书，总有所思，有所得。长鸣同志从饮食文化的渊源谈及席面文化的形成及其内涵，从请客聊起，到送客为止，娓娓道来，如品茶聊天，如史料考证，均味道十足。琢磨起来，有两个特点令人称道：一是严谨认真，力求全面、客观，搜寻到如此多的史实资料，足见其认真写书的精神；二是文风好，没有八股味，读起许多章节，不能不为作者的学问才华赞叹！

鉴于上述种种理由，我推荐这本书，并希望广大读者喜欢它。席面文化传承千年、生生不息。要继往开来，促进新时代席面文化的创新发展，还需要我们共同努力。

张连登[*]

二〇一二年十一月十八日

---

* 张连登，北京市商业文化研究会会长。

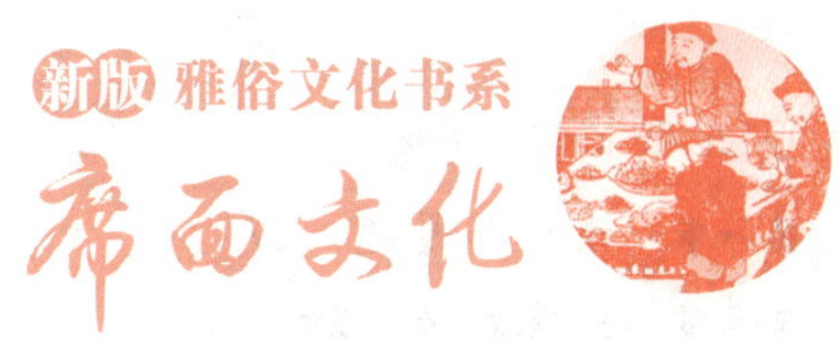

目 录

第一章

引言

饮食为人类生存之基础，
古人今人均如此；
宴请是人际交往之必需，
礼节礼仪来约束。

第一节 饮食文化渊源

自20世纪70年代末，也就是国家开始实行改革开放政策以来，中国人思想上得到了解放，迸发出了极大的积极性；社会上发生了翻天覆地的变化，人们的物质生活极大地丰富起来。“仓廪实而知礼节，衣食足而知荣辱。”人们生活水平提高了，对精神层次的需求也自然而然地提高了。一时间，社会上对各种“文化”的需求急剧膨胀。大到国与国之间的国际交往，小到老百姓怀里揣着的鸣虫饲养，世间的万事万物都被纳入了文化的范畴。随之而来的就是众人对这些“文化”的研究，也在认真地开展起来。

中国是一个历史悠久的文明古国，上下五千多年文字记载、一脉相承的华夏文明，使中国成为世界上文化积淀最为厚重的国家之一。中国的老百姓自古以来就十分尊重知识，尊重有文化的人。几千年来，只要一谈到文化，老百姓马上肃然起敬，认为文化就是“阳春白雪”，是高不可攀的；“文化知识”就是“渊博学问”，老百姓敬而远之。即使到了现代社会，只要谁讲文化，周边人便洗耳恭听。

其实，人世间的绝大多数文化现象，都与咱们普通老百姓息息相关。“文化”实际就是我们老百姓在自身的生存中、在社会的发展过程中，自觉、不自觉地创造出来、积淀起来、传承下来的精神财富和物质财富的总和。“文化”就在我们身边，“文化”实际就渗透在咱们老百姓的一言一行、一举一动之中。

中国人对这个道理还是有认识的，不过古时的中国人没有使用“文化”这个词儿来概括这些现象，虽然在中国的汉语词汇中，“文化”这个词一直存在。《说苑·指武》中就说道：**“圣人之治天下也，先文德而后武力。凡武之兴，为不服也。文化不改，然后加诛。”**但是，这时“文化”的含义是“以文教化”，表示用先进的文化（征服者的文化）来改变对方精神方面的一切。随着时间推移，现在的“文化”一词，已不单纯是“以文教化”的意思了。“文化”一词成为人类精神与物质财富总和的全方位的概念。

按照现在的“文化”一词的概念，中国古时的“学问”一词与现在“文化”一词也有着相同之处。《红楼梦》里有一副对联，上联是“**世事洞明皆学问**”，下联是“**人情练达即文章**”，这里所说的“学问”实际上就是文化的同义词。

文化无处不在。那么人生在世，无论什么样身份的人，为了自身生命的生存、延续，都需要一日三餐，谁也不可能离开饮食。这种“饮食”实际也是一种文化。因此“饮食文化”应该是人类文化的重要组成部分，甚至可以说是人类社会文化的基础。

任何文化都需要积淀。饮食文化也一样，也是随着社会的发展而发展的。远古时期，由于当时的社会生产力低下，人类的老祖宗们对饮食的需求只是简单的果腹，只要能保证自身生命的生存、延续，无论是肉类还是植物果实，凡能填饱肚子的东西，全都吃掉。那时候人类的饮食文化就是如何猎取动物，茹毛饮血；如何采集植物，设法储存。随着人类自身的发展，老祖宗们开始懂得使用火了，开始种植五谷了，开始饲养家畜了，开始烧制陶器了，人类跨入了文明社会。社会生产力的快速提升，使得过去那种简单的，只为了维持自身生存、生命延续的饮食活动，逐渐升华到了如何使用火来加工食物、加工食物的方式方法、享受经过烹饪技巧使食物更加美味、欣赏餐饮时使用的器具等精神方面需求的层次。人类的这些行为，极大地丰富了人类饮食文化的内涵。

◎ 良渚文化遗址中出土的甗蒸锅

浙江省杭州市余杭区发现的良渚文化遗址，是新石器时代中国先民的生活遗址。时间距今已有五六千年了，是较典型的新石器时代仰韶文化的代表。

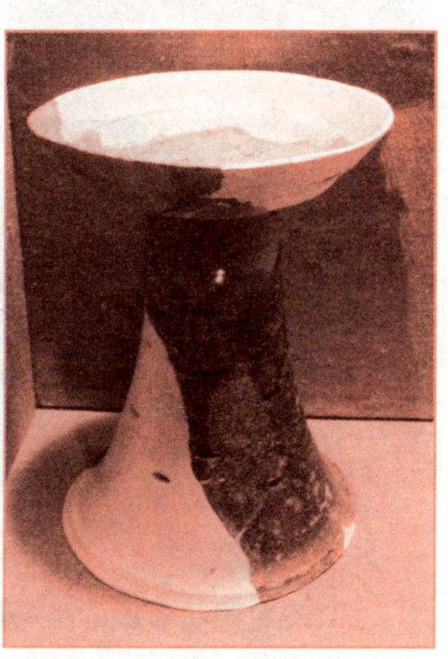

◎ 良渚文化遗址中出土的陶豆

在这个遗址中出土了大量的与饮食有关的陶制器皿。这些陶器有甗（yǎn）、甑（zèng）、盉（hé）、匜（yí）、盆、罐、豆、壶、碗、杯、匕，等等。根据出土的这些陶器，可以看出，当时的良渚人加工食物的主要方法应该是用陶甗、甑等器皿蒸煮食物，用陶豆、碗、匕等器皿食用食物，用盉、匜、杯等器皿喝水或饮米酒。这些餐具器皿的发掘出土，极大地丰富了中国饮食文化的内涵。

◎ 良渚文化遗址中出土的陶杯

古时的思想家墨子曾经说过："食必常饱，然后求美；衣必常暖，然后求丽；居必常安，然后求乐。"（刘向《说苑》）墨子的这句话反映了人类在满足了生存需求后的精神追求。

良渚文化遗址中出土了大量的陶器，这些陶器无论是制作工艺，还是使用的材料都很精美。就是用现代人的审美观念看，也是很有欣赏价值的。这些陶器的出土，充分反映出了那个时期饮食文化中，已经在追求饮食器皿的精美。如匕，也就是古人用来吃饭的羹匙，是使用玉石雕琢的。再如煮食使用的扁足黑陶鼎，鼎壁很薄，扁足镂空，并且鼎身上还刻有极细的纹饰。其他陶器，如陶盆、陶豆、陶杯、陶水罐等餐具器皿也都制造得十分精美。同时代的其他文

◎ 良渚文化遗址中出土的陶盉

化遗址中出土的餐具也是如此。如余杭反山文化遗址中出土的漆杯也特别精致。这说明了饮食文化中的“美食不如美器”理念,当时已经存在了。

◎ 余杭反山遗址中出土的漆杯

饮食器皿如此精美,饮食的烹饪技术也在提高。良渚文化中对如何烹饪食物没有详尽的记载,但比良渚文化时间稍晚一些的商朝,在食物的烹饪调制方面就已经有文字记载了。商朝在没有灭掉夏朝之前,对饮食就已经十分讲究了。被后人尊为中国厨神的伊尹,就是商汤王时的大臣。伊尹虽身为帝王之师,但同时也是一位善于烹饪食物的美食家。伊尹投奔商汤王时,商汤王向他询问如何治理国家,伊尹当时就利用自己掌握的食物烹调理论,深入浅出地讲解了治理国家的道理。伊尹讲道:“凡味之本,水最为始”,“五味三材,九沸九变,火为之纪”,“调和之事,必以甘酸苦辛咸,先后多少,其齐甚微,皆有自起。鼎中之变,精妙微纤,口弗能言,志弗能喻,若射御之微,阴阳之化,四时之数。故久而不弊,熟而不烂,甘而不哝,酸而不酷,咸而不减,辛而不烈,淡而不薄”,“所

◎ 良渚文化遗址中出土的黑陶杯

◎ 良渚文化遗址中先民用餐复原

◎ 偃师地区出土的夏代灰陶爵

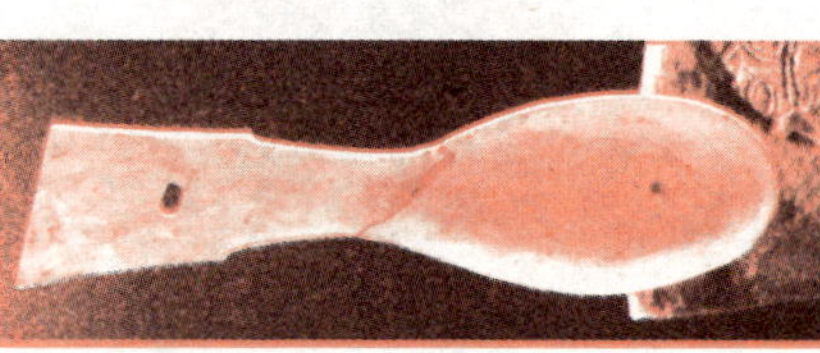

◎ 良渚文化遗址中出土的玉勺

以致之，马之美者，青龙之匹，遗风之乘。非先为天子，不可得而具。天子不可强为，必先知道。道者止彼在己，己成而天子成，天子成则至味具。故审近所以知远也，成己所以成人也。圣王之道要矣，岂越越多业哉！”(《吕氏春秋·本味篇》)商汤王听了伊尹这套借食物烹饪道理解说的治国之道后，马上对伊尹委以重任。事实证明了商汤王的决定是十分正确的。在伊尹的辅佐之下，商朝灭掉了夏朝，建立了商汤中央政权。

第二节 饮食文化与席面文化

饮食是人类生存的基础。中国有句俗语:“人是铁,饭是钢,一顿不吃饿得慌。”同时,饮食还是人类交往的一种媒介。钱锺书先生说过,聚会吃饭可以“增进朋友的感情,减少仇敌的毁谤”。

人类社会是发展的。物质的基础决定了精神的需求。特别是当物质的生产超出了人类自身需求后,精神上的需求便马上凸显出来了。由于人的社会性,我们的先人随着社会财富的不断增加,传统的社会结构发生变化,特别是随着商品的制作、交换,人与人之间、地区与地区之间、国与国之间的人际交往日渐频繁。在这些交往过程中,人与人相聚进餐,大家在一起吃顿饭,可以尽快取得对方的信任,为双方的关系提供亲和力,所以举行宴会、相互聚餐便越来越成为社会交往中一种必要的形式。“饮食文化”的内涵中,也就增添了满足人类社会人与人之间交往需求的内涵。

人类的社会活动很复杂,为了约束人类个体的行为,使之符合整体社会的伦理道德,从而促进和维持社会的和谐稳定,社会上一切活动的开展,必须符合社会的道德规范,按照相应的道德规范开展。人与人之间饮食上的交往也是如此。“仓廪实而知礼节,衣食足而知荣辱。”(《管子·牧民》)物质生活的丰富,带来了精神上的需求,在此需求之下,人类的饮食文化中产生并积淀了人类相互之间聚餐、宴请、赴邀的社会公认的行为规范。饮食活动中的各种礼仪、礼节就随之产生了。“饮食文化”中精神文明的内涵在此基础上发展起来。人类社会中任何文化的产生,都源于人类的各种活动,反之,任何文化又反作用于人类的各种活动。“饮食文化”的产生源于人类的日常餐饮风俗,同样又随着社会的发展,饮食文化中的内容,特别是宴饮过程中的礼仪文化凸显出来。

饮食文化中的宴饮文化也可称为“席面文化”,主要指的是典礼宴会、群体聚餐过程中的文化表现。席面文化既包括人类的日常进餐礼节,又包括典礼宴会、群体聚餐时的邀请、赴约、待客、食物器具、食物烹饪、点菜、进食、送客等全过程的礼节。席面文化实际就是人类在长期进餐过程中所形成的、沉淀的、必须遵循的精神层面和物质层面上的需求总和。

“席面文化”也可以称为“餐饮文化”,但是又不同于“餐饮文化”。简单地讲,“餐饮文化”的内涵注重的是“吃什么”,“席面文化”的内涵则更注重的是“如何吃”。

中国古时对“如何吃”是十分重视的,十分讲究聚会吃饭时的礼仪。古籍中有大量的关于“如何吃”的文章。儒家经典中就包含着古人“如何吃”的大量内容。如《礼记·礼器》中说道:“礼有以多为贵者,天子之豆二十有六,诸公十有六,诸侯十有二,上大夫八,下大夫六。”“乡饮酒之礼,六十者三豆,七十者四豆,八十者五豆,九十者六豆,所以明养老也。”再如《礼记·曲礼》中记载:“共食不饱,共饭不择手,毋抟饭,毋放饭,毋流歌,毋咤食,毋啮骨。毋反鱼肉,毋投与狗骨。毋固获,毋扬饭,饭黍毋以箸,毋捉羹,毋刺齿。客絮羹,主人辞不能烹。客歠醢,主人辞以窭。濡肉齿决,于内不齿决。毋嘬炙。卒食，客自前跪，撤饭齐以授相者，主人兴辞于客，然后客坐。”除了儒家经典外，中国古时的其他典籍中，对“如何吃”也有很多记载。《史记·刘敬叔孙通列传》中记载了这样一个故事：汉高祖刘邦取得天下之后，经常在宫中宴请跟随自己打下汉朝江山的功臣。酒席之上，“群臣饮酒争功，醉或妄呼，拔剑击柱”，对这种没有规矩的现象“高帝患之”，很不高兴。面对这种情况，博士叔孙通领着三十多位山东儒生“共起朝仪”。礼仪制定出来后“群臣习肄”。等到“汉七年，长乐宫成”后，“诸侯群臣皆朝十月”时，“自诸侯王以下莫不振恐肃敬”，“诸侍坐殿上皆伏抑首，以尊卑次起上寿”，“进酒有礼也。古人饮酒不过三爵，君臣百拜，终日宴不为之乱也”，“无敢讙哗(huān huá)失礼者”，“于是高帝曰：‘吾乃今日知为皇帝之贵也。’”

时至今日，中国人对餐饮时的礼节依然十分重视。家长从小就教育孩子要做到“**坐有坐相，吃有吃相**”；吃东西的时候要知道礼让，要学习孔融，培养“让梨”的品质，等等。“席面文化”看似只是“如何吃”的一种文化，但是从一个人处理席面文化的所作所为，可以看出这个人的家庭背景，看出这个人小时候受到的教育，看出这个人在成长时期的修养，甚至可以看出这个人的整体价值观取向。

第二章 席面文化的形成

时代环境发展，筵席宴席为同义；
席面就是宴席，礼仪文化靠积淀。

第一节 从“席面”谈起

什么叫“席面”？按照《新华字典》上的解释，“席面”一词是个多义词。可以解释为“筵席”，或者“筵席桌上的酒菜 ”，也可以指“筵席上餐桌旁的座位”。

“席面”就是“筵席”

在中国，“席面”也称为“席”。“席”实际指的就是“筵席”。现在中国北方一些地区，还将参加宴会称为“吃席去”。

古典小说《金瓶梅》第六十回中有这样一段描述：“西门庆穿大红，冠带着，烧罢纸，各亲友都递果盒、把盏毕；后边厅上安放十五张桌席，五果五菜，三汤五割，从新递酒上坐，鼓乐喧天。……在座者有乔大户、吴大舅、吴二舅、花大舅、沈姨夫、韩姨夫、吴道官、倪秀才、温葵轩、应伯爵、谢希大、常时节，还有李智、黄四、傅自新等众伙计主管，并街坊邻舍，都坐满了席面。”

在《金瓶梅》第十五回中有一段《朝天子》词：“这家子打和，那家子撮合。他的本分少虚头大。一些儿不巧人腾挪，绕院里都踅过。席面上帮闲，把牙儿闲嗑。攮(rǎng)一回才散伙，赚钱又不多。歪厮缠怎么？他在虎口里求津唾。”

在这两段文字描述中，前一段写的是西门庆请客，亲戚邻居都来坐席；后一段词中写的是一些社会上的小混混儿，在宴会上打杂帮闲。这两处所说的“席面”，实际说的就是宴请客人的筵席。

“席面”就是餐桌上的菜肴统称

中国古典文学名著《红楼梦》第五十七回有这样一段文字描述：“王夫人又吩咐预备上等的席面，定名班大戏，请过甄夫人母女。”

清代吴敬梓《儒林外史》的第三十三回中写道：“鲍廷玺在河房见了众客，口内打诨说笑。闹了一会，席面已齐，杜少卿出来奉席坐下，吃了半夜酒，各自散讫。”

这两段描述中所说的“席面”，指的就是聚会宴请餐桌上的菜肴。

在现代社会，筵席餐桌上的菜肴仍被称为“席面”。“席面”可以根据菜肴档次的高低，将宴会的菜肴分为上等席面、中等席面或一般席面。“席面”还可以根据宴会上的主菜，将宴会餐桌上的菜肴统称为“燕翅席”“全鸭席”“全鱼席”，等等。被称为“燕翅席”的筵席，必须有以燕窝、鱼翅做出的主菜肴。“全鸭席”或“全鱼席”的菜肴主要原材料，必须使用鸭子或鱼类。

王力先生曾经说过：“在汉语单词中，近代‘筵席’成为一个词，用作酒馔的代称。”“酒馔”的意思就是“酒席”。《儒林外史》第二十一回有这样一句话：“实在不成个酒馔，至亲面上，休要笑话。”意思就是说，桌上摆的这些菜肴很简单，不像个酒席。好在大家都是亲戚朋友，千万不要笑话。

“席面”就是宴会餐桌上的座位

《金瓶梅》第五十八回有这样一段文字描述：“薛内相因问：‘西门大人，今日谁来迟？’西门庆道：‘周南轩那边还有一席，使人来说休要等他，只怕来迟些。’薛内相道：‘既来说，咱虚着他席面就是。’”这里的“席面”，实际说的就是筵席餐桌前的座位。聚餐的人都已经来了，只有一人没有来，所以不等他了，给他虚着席面就是了。

《红楼梦》第四十四回有这样一段话：“原来贾母心想今日不比往日，定要教凤姐痛乐一日。本自己懒怠坐席，只在里间屋里榻上歪着，和薛姨妈看戏，随心爱吃的拣几样放在小几上，随意吃着说话儿。将自己两桌席面，赏那没有席面的大小丫头并那应差听差的妇人等，命他们在窗外廊檐下，也只管坐着，随意吃喝，不必拘礼。”这段文字描述中，前面所说的“两桌席面”的“席面”指的是宴会餐桌上的菜肴，而后面所说的“没有席面”的“席面”虽然也可以解释为“没有菜肴”，但准确地解释，应该是指“在餐桌前没有位置”的意思。

现代社会，“席面”也是座位的这个含义，在一定的范围内、一定的场合下依然使用，但范围很小了，使用的人很少了。

第二节 筵席与宴席

“筵席”的由来

什么是“筵席”？古时候，“筵”和“席”各为单音词，一般来讲，这两个字是分开使用的。“筵席”这个词，应该是“筵”和“席”的合称。

《康熙字典》中对“筵”和“席”的解释为：“重曰筵，单曰席。”王力先生曾经说过：“席与筵是同义词。”“筵比席长些，是铺在地上垫席的，席是加在筵上供人坐用的。”

实际上，“筵”和“席”都是一种类似于现在依然在一些农村中使用的炕席。不过因为“筵”是直接铺在地上，所以编织得比较粗糙一些；“席”则放在的“筵”的上面，人直接坐在（实际是跪在）“席”的上面，所以“席”的编织工艺要细致一些，所选的材料肯定好一些。

古时，在床、桌子和椅子发明之前，我们的先人都是席地而坐。自己在家里时，坐在放置在“筵”上面的“席”上。遇到客人来访时也是一样，不过就是按照客人的人数多铺几张“筵”，然后根据客人的身份，决定“筵”上放上几张“席”而已。古时候，“筵”的上面所放“席”的层数是有规矩、有讲究的。

《仪礼·乡饮酒礼第四》中记有:“**公席三层,大夫席两层。**”这段话的意思就是:公侯一级的尊者,他所跪的“筵”上面的“席”,可以放置三层,而大夫一级的尊者,“筵”的上面只可以放置两层“席”,否则就是僭越。

◎ 汉代席地而坐的砖画

这种席地而坐(实际上是席地而跪)的习俗,在我们的生活中早就不存在了。但是由于我们的先人曾经有过这个习俗,所以在汉语中有许多与“席”字有关的词汇,并且这些词汇现在依然使用。你只要稍一留神,即可发现一大批与“席”字有关的词汇,如主席、离席、席卷、一席之地、席地而坐等。这些词汇都是我们的先人在“席地而坐”的古时候创造出来的,并流传使用至今。

笔者曾经在山东省胶东半岛地区的乡间听到过一个当地的土语词汇:“lí xì。”意思是“邻居”。刚听到时,实在不明白为什么把邻居称为“lí xì”。后来仔细地琢磨了一番,突然明白了,“lí xì”实际是当地土语对“邻席”的发音。古时候,我们的先人跪在“席”上,对旁边“席”上的人可以称之为“邻席”。经过了漫长的历史演变,古时“**相互邻席而跪**”,变成为了现代的“相邻而居”。所以称邻居为“邻席”(lí xì)。古代的文言词汇变成了现在胶东地区的乡间土语了。

“筵”和“席”之所以逐渐变成了一个词,主要原因是,在古时,主人自己吃饭,或大摆宴席,请人吃饭时,在自己和客人所坐的“筵”“席”的前面放一张“几”。菜肴、主食都放在这张

"几"的上面。《礼记》中记载有"铺筵席，陈尊俎"。"几"是一种很矮的小桌子，大约只有二三十公分（厘米）高，由于摆放菜肴、主食的"几"放在"筵""席"的前面，后人便逐渐地将"筵"和"席"这两个字连在一起使用，成了一个新的词汇"筵席"。"筵""席"也就从表示"坐具"的词汇，变成酒席宴会的专用词汇了。

"筵席"与"宴席"

在汉语单词中，还有"宴席"一词。"宴"的意思，在古时是"安也"。所以"宴席"早期的意思应该是"安放酒席"的意思。"宴席"和"筵席"一样，随着历史的发展，到了近代，"宴席"也增加了自身的内涵，也成了"酒席"的同义词。

王力先生说过，"后来筵字用来表示宴饮的陈设"。按照王力先生的说法，"筵席"与"宴席"的发音虽然相近，意思也基本相同，但仔细地想一想，二者还是有点儿区别的。使用"筵席"一词，应更近于宴饮的程序礼仪，反映的是宴会的文化内涵；而"宴席"一词的含义更接近于宴会上的桌面、菜肴的安排，反映的是宴会的物质外在。不过现代社会中，一般老百姓对这两个词的认识是一致的，甚至在读音上也没有太大区别了，两个词变为了同义词。

第三节 席面文化的形成

中华民族有着五千年的文明史，在宴会饮食方面的历史应比世界上很多国家发展得早得多。无论是烹调技术、餐具使用、就餐文明程度、宴请聚会的程序礼仪等都有其独特的传统习俗。

席面文化的内涵

席面文化是人类在餐饮方面的文明体现。席面文化的内涵是极其丰富的。狭义上的席面文化单指典礼宴会上的程序礼仪，包括举行、邀请、参加聚会时的礼仪，待客、赴邀的各种礼节，宴会餐桌上的座位主次的确定，宴会餐桌上餐具的配置、摆放和使用，就餐时的各种礼节，等等。但是广义上的席面文化，其内涵更加丰富，必须将日常家庭中的饮食习俗、吃的方式和规矩包括进去。

席面文化的重要性

在新石器时代，中国人就已经开始注意饮食方面的礼仪了。在中国传统礼教中，有关饮食礼节的记载不胜枚举。在儒家经典中，有关这方面的记载也相当的多。进入现代社会后，餐饮方面的礼节更加繁缛，关于这方面的书籍也是汗牛充栋。人们之所以如此讲究席面的礼仪，主要是由宴请聚会的实际目的所决定的。

聚会宴请的直接目的是品尝美味佳肴，但实际上，即使是一些纯生活圈中的亲朋好友聚会宴请，似乎纯粹为了品尝某种食物的美味，其实不然，实际上也是一种相互之间情感的沟通。至于社会上的宴请聚会，应该说都有一定目的。钱锺书先生在一篇名为“吃饭”的文章中写道：“**吃饭有时很像结婚，名义上最主要的东西，其实往往是附属品。**”在一起聚餐吃饭，实际上为的是“**以增进朋友的感情，减少仇敌的毁谤**”。邀请者请大家来聚会就餐，搭建的是沟通感情的平台；被邀请者“**自己有饭可吃而去吃人家的饭，那是赏面子**”，释放出的信号是愿意与对方进行沟通。在这种情况下，聚会宴请时如果双方不注意席面礼仪，简单从事，有时邀请者的钱花了，被邀请者的面子也赏了，但效果却适得其反。由于礼节不到位，朋友之间很可能会反目为仇；上级领导、重要客户也可能会产生不满的情绪。

这种通过宴请，达到相互之间沟通感情，缓和彼此紧张情绪的例子很多。1971 年，美国特使基辛格来到中国，在与中国的有关部门为了起草《中美联合公报》相互争执不下的时候，周恩来总理便请基辛格先生到北京全聚德烤鸭店吃烤鸭。这一顿烤鸭吃下来，缓解了双方的紧张情绪。餐后，起草《中美联合公报》的工作较顺利地完成了。

席面文化与餐饮习俗

席面文化的早期形成与人类日常的餐饮习俗是密不可分的。席面文化中的内容主要来自人类日常餐饮时的习俗。长期以来,日常饮食习俗的提升固化成为席面文化。反过来,席面文化又影响着日常餐饮的文明程度。在现实生活中,从一个人在就餐时的表现,可以看出这个人的文化素养、文化品位的高低,也可以看出这个人家庭的社会位置和家庭的文化教养。

席面文化是有地域性的。由于中国地域广阔,民族众多,日常的餐饮习俗各不相同。如海边的席面文化中,为了规避渔民的语言忌讳,所以餐饮时不能提到“翻”字,吃鱼时不能将鱼翻过来吃。再如在敬酒的礼节中,山东人在宴会上只要和你碰杯,双方就必须将杯中的酒一饮而尽,如果不干杯的话,对方会认为你缺乏诚意,是对敬酒人的不尊重。但是在老北京,碰杯后双方既可以干杯,全喝了,也可以稍稍喝一小口,敬酒人是不会强求的。据说,1972 年美国总统尼克松访问中国时,周总理在人民大会堂宴请尼克松夫妇。当总理向尼克松敬酒时,宾主双方都站立举杯。但是尼克松的夫人虽然站立,却没有举杯,总理便示意尼克松夫人,可以举杯、碰杯,碰杯后可以不喝。

席面文化是有时间性的。由于时代的发展,客观环境的变化,席面文化也在不断地充实、改变。如在聚会宴请时的座位主次排序上,总是随着时代的发展,客观环境的变化而变化。再如席面上筷子的摆放,到底是横摆还是竖摆,也在随着物质生活的变化,随着人们理念的变化而发生着变化。

家中日常餐饮中的“席面文化”

宴会上的礼节、礼仪，在家庭的日常就餐中都会或多或少地体现出来。家庭的日常就餐中也要遵循席面文化中的这些礼节。作为一名中国人，无论对中国的席面文化是否了解，在日常餐饮中，实际上每个人都在自觉不自觉地、或多或少地遵循着、传承着传统席面文化中的礼节、礼仪。

在家庭的日常就餐中，遵循的最主要的席面礼仪是“**长幼有序，尊重长者**”。每次就餐均要以长者为主，要为长者留出最好的位置，便于长者的进出和进餐；在进餐的过程中，好的菜肴必须要由长者先食用，然后其他人再食用。餐具的使用也必须遵循席面文化中餐具使用的基本礼节来正确使用，特别是碗、筷、勺的使用方法必须遵循。进餐过程中也必须遵循席面文化中的礼节，不能违反最基本的进餐礼节。

第三章 请客与赴邀

请客赴邀应真诚，一诺重千斤；
主家客人需遵俗，礼多人不怪。

第一节 请客与赴邀

请客、赴邀之举，是人际交往过程中的一种极其普遍的现象。中国是一个文明古国、礼仪之邦，这种人际交往自古便有之。特别是在盛世之时，随着人民生活水平的提高，大家口袋里的钱多了起来，朋友之间的请客、赴邀之举更加普遍。老百姓花在吃请、请吃上的钱越来越多。据有关方面统计，2010年中国社会的餐饮业营业额就达到了两万亿元。这个数字只是社会上的，不包括单位内部自身的宾馆、招待所、食堂中的宴请费用，也不包括在自己家中宴请亲戚朋友的费用。

几千年来，中国人一直崇尚的人际交往准则就是：**“有朋自远方来，不亦乐乎”，“来而不往非礼也”**。

现代社会中，请客、赴邀是一种更加普遍的社会现象。大家或在饭店里宴请，或在家庭中聚会。忙于业务活动的人，为了相互沟通信息，酬谢对方对自己的帮助支持；亲朋好友们利用节假日、生日、婚礼、升迁、乔迁等机会相聚在一起，相互分享着对方的喜悦；老友相逢，互诉思念之情；老乡异地相聚，畅谈创业的艰难；……都是相互请客、赴邀的理由。

简单说来，请客、赴邀之举似乎都是为了请朋友品尝美味，其实不然，无论请客的人，还是赴约的人，绝不单单是满足人的口欲之需求。请客、赴邀的主要目的，就是为了促进双方感情的沟通和信息的交流。聚会宴请的席面之上，实际是一个相互沟通感情的最佳平台，借着席面上的美味菜肴，借着酒精的刺激，彼此之间不认识的双方，很快就能够缩短相互间的距离，从不熟悉变为知己；相互之间有点小矛盾的朋友，也会在频频举杯中，很快地消除误解，重新恢复以往的友谊。

著名学者钱锺书先生在《吃饭》一文中笑谈请客的功能："吃饭还有许多社交的功用，譬如联络感情、谈生意经等等，那就是'请吃饭'了。社交的吃饭种类虽然复杂，性质极为简单。把饭给自己有饭吃的人吃，那是请饭；自己有饭可吃而去吃人家的饭，那是赏面子。"

有人讲，现在社会发展了，大家的生活都很富庶，每个人都达到了衣食无愁的生活水平。社会竞争激烈，每个人的工作都很紧张，天天忙得不亦乐乎。所以说，如果说以前是有事儿请人吃饭，现在则多是没事儿了才请人吃饭。这种说法有一定的道理。这就是说，以前是有目的的请客、赴邀，双方通过席面之上的交杯换盏，使各自的目的都能够实现。现在的请客、赴邀，多是在繁忙工作之余的闲暇时间，大家前来"无主题"地聚聚。不过你还是应该清楚地认识到，这种无主题的相聚宴请，看似是为了精神上的松弛，为了繁忙中的休闲，是"纯吃饭"，但是如果认真一点，究其实质，这种聚会宴请实际上还是为了进一步沟通双方的情感。所以，你如果能够在繁忙之余，把身心疲惫的朋友请来，对方确实是"赏面子"给你了。

看来无论过去，还是现在，对待请客、赴邀都不能简单为之。请客的人，要"请"出真诚来；赴邀的人，也要"赴"出真诚来。

第二节 请客礼节

聚会宴请的起始点是“请”

在咱们中国人的传统礼仪习俗中有一句俗语:“白事到,红事叫。”这句话的意思是:朋友家里如果遇到了“白事”,也就是丧事,自己应该主动地前去帮助张罗,不能等着对方前来请自己后再过去帮忙;但是如果朋友家中遇有“红事”,也就是喜庆之事,自己就不应该主动前往,必须要等到对方前来邀请才可以过去帮助,才可以前去参加对方的喜庆典礼。

诸事同理。在日常工作、生活中,你要是想宴请他人并请其他朋友前来做陪客时;或闲暇之时邀请一些朋友聚会,你必须提前通知对方,必须明确地向对方发出邀请,要表示出自己的诚意,希望对方能够屈驾前来参加宴请活动。

旧时,中国人在邀请对方赴宴时的礼节较多。随着社会的发展,生活节奏的变快,邀请对方赴宴的繁缛礼节已经简化了。但是无论形式上如何简化,邀请客人时的基本理念是不能改变的:一是邀请人必须充分体现出对被邀请人的尊重;二是邀请人必须表现出邀请对方、希望对方出席宴会的诚意。同样,被邀请人在接到对方的明确邀请后,其处理赴邀的传统做法也不能改变：只要你明确表示接受了对方的邀请，那么，无论发生什么情况，你所采取的处理方式，必须充分体现出对邀请人的尊重或歉意。

邀请人至少应在宴请日三天之前发出邀请

一个人准备宴请他人或请朋友聚会，必须提前向对方发出邀请。在现代社会中，一般来讲，邀请人应提前通过信息媒介与主要的被邀请人协商好聚会宴请的时间、地点，待确定之后，应在宴请聚会日的三天前正式发出邀请，请对方前来参加。对其他被邀请人，也必须在宴请聚会日的三天前正式发出邀请。

北京地区在请客吃饭上有句老话："三天为请，两天为叫，一天为提了（dī · lou 滴漏）。"意思就是说请人吃饭，必须提前三天通知对方，这是对被邀请人的尊重，是诚心实意地"请"人来吃饭；如果提前两天通知对方，这是"叫"人来吃饭，有些随意了，欠尊重；如果宴请当日再去通知对方，这就是"提了"了，也就是说邀请者缺乏请客的诚意。潜台词还有邀请者自视高人一等，想怎么着就怎么着，把对方当作自己的一件物品，随意提来提去，对被邀请人缺乏最起码的人格尊重。

这种必须在宴请日三天前向被邀请人发出正式邀请的习俗，并不是北京地区所独有的，全国很多地区都有这种风俗。

这种风俗起源于何时，无法考证了。但是清朝学者袁枚在《随园食单》里曾写过这样一段话："凡人请客，相约于三日之前，自有工夫平章百味。"袁枚这句话的意思，说的是邀请客人吃饭，作为主人必须与被邀请人"相约于三日之前"，在得到对方的应允后，自己可以有充足的时间做好请客时的各项准备工作。同样，被邀请人也应该提前三天，即在得到邀请时就开始做准备，以便更充分地做好前来赴宴的准备。

宴请聚会的当日，临时去请人来赴宴，按照咱们中国的传统礼仪来讲，是极不礼貌的。一般情况下，被邀请人会以各种理由推辞，即使迫于情面，表面上答应你了，但是到了宴请时间也极有可能会找出各种理由，不来赴邀。所以，在宴请聚会时，如果确实忘记提前邀请某一位应该前来参加宴请聚会的朋友，那么最好在宴请的当日就不要再去通知对方了，否则的话，你这就是给对方送难为，给自己找尴尬了。被邀请人如不来，自己不好收场儿。被邀请人迫于情面来了，他心情肯定很不好，有时甚至会在宴会席面上造成不愉快；即使宴会能够顺利地收场，但很有可能因为这件事儿，二人之间产生长时间的心理隔阂。

◎ 魏晋时期墓室中反映后厨准备食物的砖画

如果忘记邀请对方的事情真的发生了，邀请人最好的解决办法，就是在宴请过后，另找一个时间单独请对方吃一次饭。吃饭的过程中，可将此事挑明，向对方赔礼道歉；也可以不提此事，因为双方都是明理之人，对此举的目的心知肚明，相信对方能够理解你的苦心。

喜庆典礼时的请客应庄重

在自己家中的喜庆之事、重要的典礼宴请时，如婚礼宴请，邀请人更应该重视，邀请的形式也必须正规、庄重。发出邀请的时间还应再提前。按照北京地区的婚礼邀请习俗，一般都应在喜庆典礼的正式日子前一个月左右通知被邀请人。

现代社会的生活节奏加快，各种信息媒介十分便利，一般宴请聚会的请客方式可以灵活一些，当面邀请或电话邀请均可以。但是重要的喜庆典礼必须要书写请柬，请柬上写明典礼宴请的时间、地点，及自己希望对方能够屈驾前来参加的心情。对于如何送请柬，著名的作家、文史学家夏仁虎先生在其所写的《旧京琐记》中提到，老北京地区“有喜庆事，亦必主人或其子弟亲诣亲友家一一请之，非是则不敬”。这就是说，北京地区邀请他人参加重要的喜庆典礼宴请的请柬，邀请人必须亲自送到被邀请人家中，如本人在时间上确有不便，可委托自己的亲属或委托他人将请柬送去，但是邀请者也应提前给被邀请人打一个电话，说明不能亲自前去的理由，使得被邀请的人感到你的诚意。对自己的长辈、社会的尊者，一般来讲，无论自己工作有多忙，事情有多多，都应该亲自把请柬送到对方的家中，否则就是不敬。

请柬送去后，对于比较重要的客人，一般在典礼宴请的正日子前三天，还应再打电话邀请一下，以示你对被邀请人的尊重和你希望对方能够如约前来赴宴的恳切心情。

请客时能落(là)一村，不落一人

每个人的工作、生活中都有很多朋友。这些朋友都会在一定时期内，按照结识时、交往中的不同情况，逐步地形成了一个一个的“小圈子”。每个小圈子里的朋友情趣相投，往来较频繁。当自己邀请朋友聚会时，一般来讲，邀请人会根据不同情况，决定邀请客人的范围。在此事上，必须注意的一点是：邀请朋友相聚时，除了有特殊情况外，某一个小圈子的朋友应该同时邀请,否则会使对方产生邀请人厚此薄彼,亲一疏一的印象。中国民间有句俗语:“能落一村,不落一人。”这句话的意思就是说,在喜庆之事的请客时,可以忘记邀请一个村庄的所有人,也不能在邀请了全村人时,忘记了这个村子中的某一个人。一个小圈子里的人,要不然就都不邀请,要不然就全部邀请。绝不能出现只邀请这个小圈子的大部分朋友,落下其中一两个人的情况。否则,没有被邀请的人,会觉得邀请人对自己有看法、有成见,会觉得邀请人轻视自己。更严重的,会对邀请人产生积怨,影响到朋友的感情。

第三节 赴邀礼节

请客不到恼死人

当自己接到对方的邀请时,作为朋友,一般来讲应该很痛快地接受对方的邀请。如不想接受对方的邀请,应该找出正当的理由婉拒。当然,你如果对对方有意见,并且不想再与对方交往,就是想让对方知道自己真实想法的话,那就另当别论了。

当自己明确表示接受了对方的邀请之后,必须如期前往。如临时有公务缠身或因为其他一些客观原因确实无法前去赴约时,被邀请人应该提前告知邀请者。如果在时间允许的情况下,最好在宴请时间前,抽出一点时间,亲自前去向宴请者当面致歉,然后离去。

中国有一句俗语说得很好:“请客不到恼死人。”被邀请人在没有正当理由的情况下,拒不接受对方的邀请;在不说明原因的情况下,或在没有通知邀请人的情况下,不出席已经答应出席的宴请聚会,这是人际交往中最不礼貌的事情。这种举动是对邀请人最大的不尊重,是对邀请人的蔑视。

《史记·魏其武安侯列传》记载了一段窦婴、田蚡和灌夫三人之间为争夺权力,互相暗中较劲的故事。其中有一段记述的是:田蚡让灌夫告诉窦婴,自己第二天要去窦婴家吃饭。窦婴得知后,忙乎了一天,但是田蚡到了饭口儿没有来,窦婴十分不满。这实际是田蚡使的一计,故意戏耍窦婴。但是正因为田蚡的这样一个举动,三个人之间的相互矛盾更加深了。

被邀请人在接到对方邀请时,由于身体不适,或患有传染性的疾病,则应该当时就与邀请人说明情况,在表示感谢后,婉拒对方的邀请。如果被邀请人在接受了对方邀请以后,身体突有不适,特别是突然患上具有传染性的疾病,如流感等,必须及时向邀请人说明情况,主动提出不出席宴请聚会了,以免传染他人。

不带他人前去赴宴

每次聚会宴请,被邀请的对象都是邀请者经过充分考虑、多角度权衡后确定的,所以被邀请者前去赴宴聚会时,不应该带其他人前往。如果确遇有特殊情况,必须带人前往的话,被邀请人必须提前告知邀请人,在征得了邀请人的同意后,再带着人前往。一般情况下,被邀请人不要轻易地答应他人来参加聚会宴请,也不要就此事征求邀请人的意见,不要给邀请人送难为。

这里所提的“他人”,应包括被邀请者的爱人、孩子。如果是到邀请人家中参加聚会,即使双方家庭成员来往紧密,但只要该次聚会不是双方家庭成员的聚会,就不要带着家人前去赴邀。

赴邀时需守时

受人邀请前去参加宴会时,必须遵守时间。一般来讲,在饭店聚餐,被邀请者应该在约定时间的前二十分钟左右到饭店。去得太早了,在邀请人之前就到了饭店,会使邀请人感到尴尬;太晚了,则容易被人理解为对邀请人和其他被邀请人不重视。如果临时确有事情缠身,不能按时前往的话,应及时告知邀请人。

在邀请人家中聚餐,被邀请人何时前往,应该视自己与邀请人,特别是与邀请人的家人关系密切度而定。日常双方家庭往来较多、关系很密切的,被邀请人可以提前到邀请人家中,帮助张罗、料理;日常与邀请人家中没有来往的被邀请人,可提前半小时左右到。

到朋友家中赴约时,一般来讲,应该在到了邀请人住宅附近时,给对方打个电话,通知一下对方,不要贸然进入。《礼记》说过:“将上堂,声必扬。户外有二屦(jù),言闻则入,言不闻则不入。”这句话大概意思是:进入房间时,一定要通知对方。如果看到门口放有两双鞋,听不到房间内说话的声音时,一定要先敲门,得到允许后再进入。现代社会,特别强调隐私权，进入他人家以前，必须通知对方。

礼尚往来，尊重长者

受人邀请前去赴宴时，特别是去邀请者家中赴宴时，被邀请者不应空手前往。一般情况下，应携带一些小的礼物前去。属于一般性的聚会，所携带的礼物不宜昂贵。过于昂贵的礼品会使邀请者心中感到不安。按照现代社会的流行做法，被邀请者可带一瓶红酒，或一件小工艺品，或应季的水果即可。如邀请者家中有孩子，给孩子带一件玩具、一些糖果、几件学习用品也可以。

邀请人接受礼物时，无论自己是否需要，都必须感谢对方。切不可说出使客人扫兴的语言，如："我家里有的是这种东西，你带它干什么?"对客人带来的礼品，即使自己确实没有用，也不应该当着客人的面转送他人。否则，会使客人觉得很没面子，感到十分尴尬。对于客人带来的酒，除非客人主动提出，自己带来的酒就是为这次聚会助兴，一般来讲，宴席上不要打开这瓶酒。

去邀请者家中做客时，有一点需要特别注意，即邀请者的家中如果有老人的话，你可以不给邀请者带礼物，但必须给邀请者家中的老人带礼品。在进入邀请者家中后，第一件事情就是先去看望老人，并将礼品送上。在邀请者家中做客的时间内，要时刻注意尊重邀请者家的老人。尊重邀请者家中的老人，实际就是尊重邀请者本人。

无论去饭店，还是去邀请人家中参加聚会宴请时，被邀请者还应该注意的一点是：除了携带给主人的礼物和自己的随身挎包外，其他的物品最好不要带进赴宴地点，避免邀请者产生误解，以为你所携带的物品都是礼物，从而造成双方尴尬的局面。

尊重对方的生活习俗

宋代陈北溪在《小学诗礼》中曾说过："入境必问禁，入国必问俗，入门必问讳。"陈北溪是理学家朱熹的学生，应该是传统礼仪方面的专家。他所说的这段话来自《礼记》，意思就是受人邀请，前去赴宴时，特别是去邀请者家中赴宴时，要尊重对方家庭中的习俗。对邀请者家中待客的礼数、餐饮的器皿、菜肴的烹饪、家具的陈设、家庭的装饰等不要随意议论评点。特别是邀请者家中的生活忌讳，在交谈聊天时千万不要涉及。如果在赴邀之前，能够了解到对方的忌讳是最理想的。

进入邀请者家中后，要注意自己的举止。《礼记》中有一句话："入户奉扃，视瞻毋回，户开亦开，户阖亦阖。"大概的意思是：到了别人家时，不要随意地四处查看；进入房间时，如果屋门原来是开着的，就不要关上，原来是关着的，就应该随手将门关上，尊重主人的意愿。儿童启蒙读物《蒙以养正》中也说道："卧房厨下，不可乱行。"这些都是讲到了他人家中做客时，要举止大方，尊重主人的习俗。在主人没有邀请的情况下，不要随意到各个房间观看，避免产生窥视对方隐私之嫌。

宋代理学家朱熹在《童蒙须知》中说过："凡开门揭帘，须徐徐轻手，不可令震惊声响。"在日常生活中，一个人在关门时、掀门帘时，如果声音过大，便会被他人视为这个人生气了，以此来宣泄自己的不满情绪。所以，在赴邀聚会时，无论在饭店，还是在邀请人家中，关启房门时动作必须轻，不要出现上述情况，避免造成误会。

赴邀时须做好的一些准备

参加宴请聚会时，特别是参加喜庆典礼时，邀请者和被邀请者的穿着均应该庄重、整齐、干净。忌讳穿着奇装异服前去参加典礼宴请。一般朋友聚会，也应尽量做到穿着干净、整齐，否则会使他人感到该客人对宴请聚会不重视。按照北方人的习俗，参加聚会宴请时，无论男女，都不应该赤足穿着拖鞋前往。特别是女同志，在参加重要的宴请时，最好不要穿社会上流行的“鞋拖”前往。

夏天前去赴邀时，最好随身带上折扇和擦汗的小面巾，以备宴会所在地无空调，或制冷设备出现故障时降温、擦汗使用，避免让自己的形象很狼狈。无论什么季节，在去赴约时，要带上一块较大的手绢，以备餐桌没有餐巾、餐巾纸时使用。

去邀请人的家中做客，一定要提前换上干净的鞋袜。一般来讲，如果对方家中是木质地板的地面时，为了充分尊重邀请人，即使在对方没有提出更换拖鞋的要求下，被邀请人自己也应主动地换上拖鞋。由于自己已经提前换上了干净的鞋袜，没有异味，可以保持自己的最佳形象，不露怯。

无论邀请人，还是被邀请人在宴请聚会时，都应提前处理好各种事务，尽量减少与外界的联系。聚会期间，如果在接到外来的电话时，通话的时间应该尽量缩短，只要不是十分紧急的事情，都应该放在聚会后处理解决。

第四章

聚餐形式与饭店选择

分餐聚餐为形式，沟通情感最重要；
饭店选择显品位，文化美味要兼顾。

第一节 宴请聚餐的形式

聚会宴请、聚餐的形式应该根据就餐人的实际情况来确定。一般来讲,聚餐的形式有分餐制、聚餐制、自助式分餐制,等等。

分餐制与聚餐制

一般来讲,提到中国的宴会聚餐,大多数人都认为中国的宴会聚餐一直实行的是聚餐制。即参加宴会的人,围坐在圆桌或方桌前,菜肴摆放在桌上,每个人各自到菜肴盘中取菜食用。一些卫生意识强的人经常讲:中国人的这种就餐形式很不卫生,应该实行国外的分餐制。

分餐制应该说是比较卫生的。但是分餐制并不是由西方国家传入中国的。宴会上实行分餐制在中国有着悠久的历史。应该说,至少在唐宋以前,也就是高桌和椅子在中国社会上开始流行以前,中国的宴请聚会实行的都是分餐制。

唐宋以前,我们的先人在宴会聚餐时,大家席地而坐,每个人的“筵席”前方都摆有一几,几上摆放着菜肴。宴请过程中,每个人只食用自己前面几上的食物。

应该说,我们的先人在用餐方面是十分讲究的。在实行

◎ 金代胡瓌所绘《卓歇图》

这种分餐制时，还同时存在着其他一些礼仪。如几上的食物摆放是有明确规定的，不是随意摆放的。《礼记》中有这样一句话：“凡进食之礼，左殽右胾（zì）。食居人之左，羹居人之右。”这实际就是规定菜肴在几上摆放的位置。再如在正式的宴会上，几上的食物必须要按照客人的地位高低来决定食物的多少。当时的规定是：天子可以享受使用九鼎八簋的待遇，诸侯王可以使用七鼎六簋，卿大夫使用五鼎四簋，到了士这一层，只能使用三鼎二簋了。

自唐宋以后，也就是社会上开始流行高桌和椅子之后，中国的宴会聚餐逐步改为了聚餐制。究其原因，一是社会上开始使用大的高桌，适合于多人围桌而坐。二是中国人最讲究情感的交流，而聚餐制最能体现亲情的交往。三是分餐制改为聚餐制的原因中，还有一点不应忽视。那就是应该与菜肴的烹制有关。古时我们的先人多是炖煮的食物，一锅出，分而食。随着社会的发展，菜肴做得越来越细致。小份的炒菜更能够体现各种菜肴的味道，所以每道菜量减少，不适合过去的那种分餐制。实际上，国外之所以实行分餐制，恐怕与西方菜肴多是烤制炖煮做成的有关。

◎ 宋代墓室中夫妻在高桌前宴饮图

在唐宋时期实行了高桌（高几）之后，实际上分餐制仍在中国存在。如成书于清朝中期的《红楼梦》中依然有宴请进餐时实行分餐制的描述。第四十回有一段描述，那就是刘姥姥到贾府，陪同贾母游览大观园时，园中众人聚餐的情节。当时的聚餐，众人使用的都是高几，实行的就是分餐制。“这里凤姐儿已带着人摆设整齐。上面左右两张榻，榻上都铺着锦裀蓉簟。每一榻前两张雕漆几——也有海棠式的，也有梅花式的，也有荷叶式的，也有葵花式的，也有方的，也有圆的，其式不一。一个上面放着炉瓶一分，攒盒一个。上面二榻四几是贾母、薛姨妈，下面一椅两几是王夫人的，余者都是一椅一几。东边是刘老老，刘老老之下便是王夫人。西边便是湘云，第二便是宝钗，第三便是黛玉，第四迎春，探春、惜春挨次下去，宝玉在末。李纨、凤姐二人之几，设于三层槛内、二层纱橱之外。”

目前在一些高档的宴请上也实行分餐制，但是这种分餐制不同于中国古时和目前国外的分餐制。当一盘炒菜端到桌上，客人先浏览，然后由服务员分到每位进餐者的布碟中供客人自己食用。这种分餐制的实行，绝非为了餐饮的卫生，这只是为了提高宴请的档次、品位，以此适合一些官场的高档宴请。所以这种分餐制一直无法普及。由于中国人的宴会聚餐“吃”的是亲情，追求的是气氛，在宴请的过程中，主人、客人要相互布菜、敬酒，晚辈也需要给长者布菜，这些席面上的情感沟通行为，在分餐制的情况下无法进行。分餐制的结果，只能是影响了进餐者的尽兴。所以这种分餐方式只能在一些纯礼节上的餐饮活动中实行，朋友之间相聚、亲人之间相聚仍然流行着聚餐制。

实际上，在一些招待外国客人的高档宴请时，有时为了增进双方情感的沟通，也使用中国的聚餐制。周总理 1972 年宴请美国总统尼克松，1973 年宴请加拿大总理特罗多，当时的席面就是聚餐制，并且周总理在宴会的过程中，还亲自为尼克松、特罗多布过菜。

饭店聚会宴请和家庭聚会宴请

宴请聚会的形式主要有饭店聚会宴请和家庭聚会宴请。

饭店宴请可分为两种：正式宴请，即喜庆典礼的宴请和公务宴会；非正式宴请，主要是亲朋好友的相聚。

喜庆典礼宴请是一种较正规的、庄重的活动。一般来讲多为单位重要节日的庆祝活动，家庭的婚礼、寿宴等庆祝活动。喜庆典礼宴请是一种讲究排场、营造氛围的聚餐活动。这种宴请在场地环境、参加者的范围、席面菜肴酒水、桌面的布置、餐桌的摆放、宴会的程序等方面都需要提前做好安排。这种活动十分讲究礼节，更偏重程序上的礼仪。稍有不慎，便会在活动的过程中造成一些不愉快的“小插曲”。

公务宴请是一种礼节性的活动，主要是业务往来单位之间相关人员相聚进餐，以此加强双方的工作沟通和情感交流。这种活动也是十分讲究礼仪的，细小的环节出现失误都会带来双方的不愉快，甚至有时会带来巨大的业务损失。

非正式宴请多为私人聚会宴请，也可称为便宴。便宴参加者的范围较窄、人数较少，主要是好友亲朋之间为了迎来送往、节假日相聚、值得纪念的日子、相约一起分享喜讯等情况下的相聚进餐。这种宴请偏重相互的情感交流、巩固群体的友谊。这种活动也很讲究礼仪，但由于是私人活动，更偏重亲情礼节。

家庭中举行的聚会宴请很少有公务活动，一般讲都是亲朋好友的交际来往。家庭宴请多在节假日的放假期间。这种聚会宴请是一种使人精神放松、充满亲情的聚会。这种活动也偏重亲情礼节。家庭宴请时，席面的菜肴多为邀请人自己或家人烹制的，甚至有的客人还亲自下厨为大家烹制自己拿手的菜肴。

改革开放以后，随着大家生活的富裕，一段时间内或节假日时的朋友家庭相聚也变为在饭店中举行。这种方式虽然十分方便，但是聚会宴请体现的亲情也随之淡化。随着社会的发展，亲情的回归，目前节假日时，亲朋好友在家中相聚宴请的形式又在逐步回归。由于现在生活富裕了，为了减少主家的工作量，为了所有聚会的人都能够相聚交谈，一些饭店在节假日期间外租厨师。自己家中只准备出原材料即可，到时厨师到家烹制菜肴。

请厨师到家中帮助烹制菜肴的现象，在旧时的社会上很流行。过去在老北京地区，厨师业被称为“勤行”。很多厨师在自己的行会中挂上水牌，当家庭中需要聚会宴请时，可到行会中请厨师到家中帮助烹制菜肴。传统相声《帮厨》反映的就是一些行为不端的厨师到雇主家中帮助烹制菜肴时的不良行为。

第二节 聚餐宴请的特殊形式

除上述这些聚会宴请外，还经常会有一些其他餐饮形式，如工作用餐、自助餐，等等。这些聚餐虽非正式聚会宴请，但其进行中的必要礼节也与正式宴请是相同的。无论何种宴请，餐饮过程中都应遵守中国人的饮食习惯和礼仪规范。

工作餐

工作餐多为业务往来中，与自己有业务关系的合作伙伴，为了相互交换工作信息、洽谈业务时进行的非正式的聚会宴请。一般情况下多是在业务洽谈时，由于已到吃饭的时间，为了不影响工作的进展，一方尽地主之谊，邀请对方就餐。工作餐一般仅限于有关人员参加，不邀请与之无关的人员。时间通常是安排在中午。一般来讲，尽量不要占用对方的晚餐时间，以免影响对方回家休息。工作餐的进餐地点可以临时选择，可以安排在单位餐厅，也可以安排在附近的饭店，这样便于餐后业务活动的继续进行。

工作餐虽为非正式的聚会宴请，但必要的席面礼仪也是必须遵守的。除了与正式宴请相同的礼仪外，进食工作餐时还应该注意以下几点：

一是工作餐一般应以业务洽谈所在地的单位为主，正式邀请对方就餐。

二是工作餐虽然简单，但也不能太过随意。需找一个相对适合的环境、饭店吃饭。虽不能"割不正，不食"，但至少应在卫生条件较好的餐厅进餐。

三是工作餐的饭菜量不应过多，以吃饱为准，不应浪费。

四是被邀请的客人应该做到"客随主便"，尽量配合主人的安排，不要提出额外的要求。一般进餐过程中不喝白酒。

自助餐

自助餐是一种西式的就餐形式。这种就餐形式在中国的出现，是在改革开放以后。由于这种就餐形式比较卫生、节省时间，而且菜肴品种较多，营养丰富，价格也相对低廉，所以很快就被中国人接受了。现在一些饭店中的早餐，或一些会议用餐都实行自助餐的形式。

目前北京地区也出现了一些较高档的主要经营自助餐的饭店，如"金钱豹"。虽然这种饭店的价位较高，但是由于这些饭店中为客人准备的菜肴种类很丰富，进餐条件又很好，还是物有所值的。所以现在一些青年人宴请聚餐时也选择这样的饭店。

自助餐虽是西式就餐形式，但是中国的就餐礼仪还是融进了这种形式中，还是应该遵循中国传统的文化。自助餐的食用礼仪很多，相关书籍和文章说得很多，在此不多说了。只是重点指出几点：

一是拿取菜肴时，冷菜与热菜、炒菜与炸制的菜、甜菜与咸菜不要放到一个盘中，避免菜肴的味道混淆变味。

二是不要一次取菜品种过多。品尝完一种后,再去取其他的菜肴。再次取菜时,一般应再用新盘,用过的餐具应放到回收处。

三是取菜时必须适量。能吃多少就取多少,不可浪费。过于浪费会令人侧目。尤其对一些大家都很欢迎的菜肴,取菜时更应注意适量。不要一人取得过多,否则会有失自己的形象。《礼记·曲礼》中有一句话用在这里比较合适:“毋固获。”意思就是共同吃饭时,在取食菜肴时不要太霸道。

四是要照顾好与自己同时来进餐的客人,特别是照顾好老年人、尊者和女同志。对一些大家可以共同食用的食品,如春卷、水果等,在征得大家同意的情况下,可以多取一些,供大家共同享用。

五是对免费提供的酒水,应适量饮用,切不可过量。

AA 制聚会

现代社会中,有一些利用工作之余和节假日期间进行的同仁、朋友之间的聚餐,实行餐费 AA 制,也就是餐费由参与聚餐的每个人平均分担。这种形式目前除了在年轻人中间有一定的市场外,在一些退休的老年人中间也开始流行起来。很多退休的老年人在与自己青少年时的同学、同事相聚进餐时也多采取这种形式。

现在还有一种聚餐的形式,就是每次聚会一般都由活动的召集人负责付餐费。从表面上看似乎没有实行 AA 制,但实际上仍是 AA 制,不过这种 AA 制不是每次聚餐平均负担餐费,而是今天我请客,我付费,过一段时间你请客,你付费;朋友之间,大家心照不宣,除了生活较困难的以外,每个人都会在一定的时间后,召集大家聚会吃饭。这实际上是一种中国式的“君子 AA 制”。

AA 制聚餐的付账形式来源于西方,由于大家平均分担餐费,不存在谁请谁吃饭的问题,因此只能算是朋友的聚会,不能列入宴请的范围。但是,席面上的礼节与正常的宴请聚会应该是一样的。

第三节 宴请饭店的选择

在饭店聚会宴请时,选择饭店很重要。除了邀请对方品尝某种特色美味外,一般来讲,当邀请人发出邀请时,应首先征求一下主要被邀请人的意见,询问对方喜欢的餐饮习俗和菜肴口味。如不方便征求对方意见,也应根据自己的了解,综合考虑对方的各种情况来确定宴请的饭店。

文化美味兼顾

现代社会中,很多饭店都有自己的特色。在确定用某种菜系宴请对方后,应寻找经营该菜系的正宗饭店。以北京为例,经营正宗鲁菜的有丰泽园、东兴楼等,经营正宗宫廷菜的有仿膳,经营正宗谭家菜的有北京饭店,经营正宗川菜的有四川饭店、五粮液集团驻京办事处等,经营正宗粤菜的有香港美食城，经营正宗淮扬菜的有淮扬春、张生记等，经营正宗清真菜的有东来顺、南来顺、鸿宾楼等。

北京目前还有一些饭店推出了饭店的主题文化。如蜀国演义、中堂四合院酒店等，这些饭店都有其自己的主题文化。在这种饭店吃饭，既是品味美食，又是在“吃”主题文化。还有一些纯京味的饭店，如大宅门、老城根等。这些饭店中，无论从饭店的室内装修、席面餐具，还是服务员的衣着打扮，都透着老北京的昔日风情。还有一些饭店为客人安排演出。顾客就餐时，可以观赏到文艺演出，如老舍茶馆等。

现在北京城的饭店很多，可选择的余地很大。一般来讲，纯属公务的宴请，选择饭店应该是文化美味兼顾，这样做既可以显出自己的文化品位，又增加了进餐时的话题。亲朋好友之间相聚就餐，则应该以品尝美味为主，选择有特色菜肴的饭店。宴请外地朋友则应选择经营京味菜肴的饭店，这样可以在就餐过程中，使外地朋友领略老北京的风俗。

确定饭店时，应综合考虑

在确定聚会宴请的饭店时，必须考虑被邀请者的身份。

公务宴请时，所选饭店应与主要被邀请人的身份相当。如果在很高档的饭店里宴请一般客人，饭店中的氛围、席面周围的环境会使对方感到拘束，影响聚会的气氛，甚至影响客人的进餐；但如果在低档饭店中宴请身份较高的客人，由于饭店的环境较差，会影响交谈的情绪，被邀请的客人也会感到自己没有受到应有的尊重。

公务宴请时，所选饭店应尽量方便主要被邀请人。可选在主要被邀请人工作或住家的附近，给对方提供交通的便利。

公务宴请时，应选择有雅座的饭店，这样便于双方交谈。

朋友之间的聚会，可以安排在一些中档饭店。因为一些高档饭店中环境很优雅，不便于朋友饮酒过程中的高声喧哗。在中档饭店中，由于客人较多，环境相对嘈杂一些，这样便于朋友之间少一些拘束，大家可以饮酒尽兴。

确定饭店时，除了专门请客人品尝具有特色的菜肴外，一般应安排在交通较便利的饭店，这样便于大家的来往。如果想请业务伙伴、亲朋好友到一些地处较偏僻的但极有特色的饭店进餐时，自己必须亲自前往一趟，将路线搞清楚通知大家，以避免宴请当日，客人因路线不熟找不到饭店的事情发生。

第五章 席面座位安排

座次安排有学问,基本原则要记牢;
尊卑长幼不能忘,房间屋门很重要。

第一节 席面座次安排的重要性和原则

席面座次安排的重要性

在席面文化中，主、次座次安排是最重要的内容之一。

中国自古以来就是一个礼仪之邦，为了维护社会的和谐，礼仪中的基本思想就是要求在社会上、家庭中、群体里讲究上下尊卑、长幼有序。《荀子·君子篇第二十四》说道："等贵贱，分亲疏，序长幼。"荀子的这句话反映了中国传统的"明分"思想。《礼记·乐记》中记载了一段孔子的学生子夏与魏文侯关于音乐的对话："所以示后世有尊卑、长幼之序也。"虽然这句话是在议论"乐"的作用，但实际上也是在讲如何维护社会的正常秩序。这句话的意思就是说，我们要用庄严的"乐"告知后人，正常的社会是需要有"尊卑、长幼之序"的。

在现代生活中，社会依然需要"尊卑、长幼之序"的"明分"思想。这种思想在追求社会和谐稳定中依然发挥着积极的作用。北京市的《首都市民文明公约》中的"重教尊师""敬老爱幼"等内容，实际上就是在强调正常的社会中必须有"序"，只有这样社会才能达到全面的和谐。

这种“明分”思想反映到聚会、待客、宴请上，反映到日常就餐上，首先体现在席面上的座次排序上。关于就餐时的座次排序，中国很多古籍中都有明确的记载。进入现代社会后，也有很多论述席面座次安排的书籍。在现实生活中，中国人也十分讲究座次的排序。这充分说明了聚会、待客、宴请等群体活动的座位排序和家庭日常餐饮中的座位摆放，在中国和谐社会中的重要性。

聚会宴请活动中的席面座次排序，家庭中餐桌上的座次摆放，首先应该区分的就是哪个座位为“尊”，哪个座位为“主”，哪个座位为“次”，哪个座位为“末”。座次安排混乱、错误，反映了家庭教育、个人素养偏低。特别是在正式的聚会宴请时，席面上的座位安排尤为重要。一次聚会宴请中，主、客的座次位置正确摆放，能够反映邀请者的文化修养、文化素质；反之，席面座次摆放出现了错误，很可能会使主、客不欢而散。饭店中，在典礼、宴请、聚会的席面摆放时，主、客座位位置能否正确安排，直接体现出这个饭店的礼仪水平。

在中国的传统文化中，席面上座位的主、次安排是有一定规矩的。现在社会上流行的“左为上”“右为上”“面南”“面东”等讲究，都是安排席面座位的一些基本规矩。但是席面上座位的主、次安排并不是一成不变的。席面座次的排序，是随着社会发展、社会习俗变化、人的思想变化、环境的变化、聚会时坐具的变化而变化的。

确定席面主、次座位的基本原则

按照中国传统的礼仪原则，再结合现代社会的新理念，席面座位主、次的确定，一般应考虑的主要因素有四点：

第一，一般情况下，餐桌上的尊位、主位应是整个席面上视线最好、最开阔，进餐过程中受打扰最少的位置。

第二，如果是八仙桌，则根据房间主要进出人的房门位置与餐桌的摆放位置决定席面上的尊位位置。桌子与房门不在一条直线上，尊位的位置应确定在离房门最远、视线可以直视或稍微倾斜即可看到房门的座位位置。

如果是圆桌，主位应确定在与房间四壁都呈直线的座位上。第一主宾的座位（尊位）则依据当地、当时社会上流行“尚左”还是“尚右”的习俗决定。如“尚左”，就坐在“主位”的左手；如“尚右”，就坐在“主位”的右手。

第三，房间主要进出人的房门位置与餐桌的摆放位置呈一条直线时，则依据当地、当时社会上流行“尚左”还是“尚右”的习俗决定八仙桌上的尊位或圆桌上第一主宾的位置。“尚左”即“左为上”，“尚右”就“右为上”。

第四，多桌席面时，应根据房间中主要进出人的房门位置和房间的面积条件，决定主桌的摆放位置。一般应在离房间中主要进出人的屋门远的中间位置。

当然，席面上座位主、次的安排需考虑的因素很多，在坚持传统礼节中的一些基本原则之下，应灵活掌握，不能僵化。

第二节 确定席面座位的主、次位置

纵观中国餐饮的历史发展，饮食时的坐具变化是决定席面座次排序变化的重要因素之一。

中国几千年来，饮食时的坐具发展变化主要分两个阶段：一是“席地而坐”，设“几”待客；一是围桌而坐，主、客同桌餐饮。“围桌而坐”又可以分为方桌和圆桌两种主要形式。由于坐具的不同，座次安排也就不同。

“席地而坐”的座次安排

◎ 春秋时期的夔龙纹铜豆

在高腿桌椅还没有发明使用之前，我们的先人都是席地而坐（跪）。房间的地面上，铺上“筵”，“筵”的上面再根据客人的身份，铺上一层或几层“席”，主人与客人都是席地而坐（跪）。在与客人聚会，招待宴请客人时，在每个人的面前都摆放一个小几，几上摆放菜肴。此时中国的宴请实行的是“分餐制”。每个人只食用摆在自己“筵席”前“几”上的食物。

在出土的众多唐宋以前的古代餐具中，有许多都是高脚的，如鼎、簋、豆等餐具。这些起着现在盘子作用的餐具之所以都是高脚的，与我们先人席地而坐进餐、“几”的高度较低有着直接的关系。

◎ 鹿邑县出土的西周铜方鼎

席地而坐时，座位主、次的摆放应该是以面东为尊，以右为上。如在一间北房中，屋内的西侧为上，在西侧安放的“筵席”为最尊贵者的座位。尊者在“筵席”上面东而坐（跪）；北面安放的“筵席”，上面坐的人面向南，该座位次之；南面“筵席”上的人面北而坐的再次之；靠东侧，面向西而坐的为末席。

对这种主次座位的安排，《史记·项羽本纪》中记载得十分清楚：“**项王即日因留沛公与饮。项王、项伯东向坐。亚父南向坐。亚父者，范增也。沛公北向坐，张良西向侍。**”

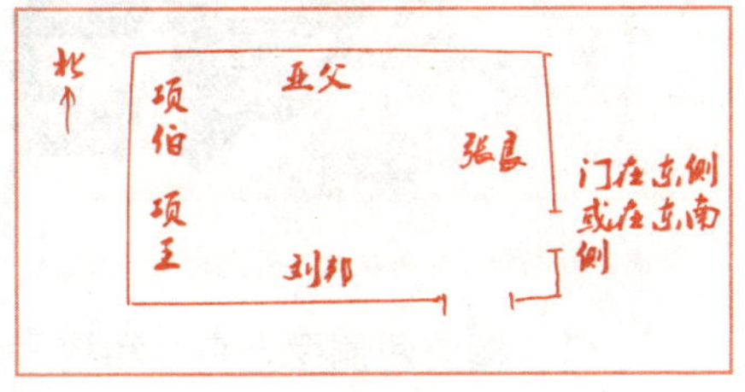

◎ 项王宴请刘邦座位示意

项羽的势力强大，项伯是项羽的长辈，所以二人面向东而坐；亚父范增为项羽的重臣，面南而坐；刘邦势力较小，所以面北而坐；张良只是刘邦的谋士，只能坐在末席。这里有两个问题需要注意：一是项羽和项伯都是面东而坐，谁在北边谁在南边呢？按照北面范增的席位，高于南面刘邦席位规制，作为项羽的叔叔，项伯应坐在面东的北侧，项羽坐在面东的南侧。二是该房间主要进出人的屋门，应在张良的身后或左侧面。这种座席主、次的摆放，与后来的高腿桌椅座位摆放是一脉相传的。

随着时代的发展，物质享受逐渐地提升，在社会生活中，出现了一种名为“榻”的坐具。按照东汉刘熙《释名》中的解释，“榻”，实际就是一种“长狭而卑”，也就是较长、不宽、不高的坐卧家具。“榻”出现后，一些尊者便坐在“榻”上来接待客人。为了便于餐饮，“几”的高度增加，与“榻”的高度基本持平。由于“榻”高于地面，所以“几”的高度便增加了。与“榻”相匹配，社会上也随之出现了高腿的椅子。客人来访，尊贵者坐榻，次之的坐椅。“榻”和椅的前面摆上高“几”。我们从五代南唐画家顾闳中所画的《韩熙载夜宴图》中，即可看出当时的“几”“榻”和高脚椅子的形状和使用方法。

◎ 南唐时期顾闳中绘制的《韩熙载夜宴图》

古时如何摆放“榻”“几”，没有直接记述的材料。根据一些书籍上的点滴记载，汇总后可以得出：一般宴请聚会时，尊者坐榻，榻前摆上高几，高几上摆放菜肴。榻前两侧摆上高几和椅子，供其他客人坐。前面所提到的《红楼梦》第四十回中的描述，实际上也说清楚了榻、几的摆放方式。贾母与众人就餐，“上面二榻四几是贾母、薛姨妈”，“东边是刘老老，刘老老之下便是王夫人”。“西边便是湘云，第二便是宝钗，第三便是黛玉，第四迎春，探春、惜春挨次下去，宝玉在末。”“李纨、凤姐二人之几，设于三层槛内、二层纱橱之外。”

榻和几一直在中国社会上流行，唐宋元明清，历朝历代，这两种家具都在家庭中占有重要的位置。甚至直到今天，这两种家具依旧在使用，不过功能有所变化了。

◎ 现代罗汉床

现代社会中，我们放在沙发前的茶几和安放在书房中的罗汉床，实际上就是旧时“几”和“榻”的延续。不过今天的茶几只是摆放在沙发或矮腿椅子前，放置茶杯、果盘等物品的小桌了。罗汉床依旧是一种既可招待客人，也可自己坐卧的家具，但多摆在书房中，供小憩之用。

长方桌的座次安排

在宋代以后，“几”的高度继续增高，变为高桌，并在中国的民间开始流行使用了。不但饭店中使用高桌和高椅，即使一般的老百姓，在自己家中用餐时，在宴请客人时，也都开始使用高桌和座椅了。

高腿桌出现时，应该说最先出现的是长方形的高腿桌。由于长方形的高腿桌作为餐桌的时间较短，所以中国传统的餐桌座次安排上，对长方形餐桌的座位主、次安排，没有明确的记载。在现代社会，当长方形高桌作为餐桌重新在家庭、饭店中开始使用后，在座位主、次摆放上，一是参照国外的座位摆放规制，二是按照中国人的传统餐饮习俗，三是根据当时就餐房间的各种客观条件决定。

一般来讲，参照国外的座位摆放规制，按照中国人的传统餐饮习俗，长方形餐桌座椅摆放时，应将主座和主要客人的座位，摆放在离上菜的地方最远处，以避免从主座和主要客人的座位处向餐桌上递送菜肴等食物。再有就是将主位、尊位摆放在餐桌长面的中间，使之便于就餐。

使用长方形餐桌宴请客人时，一般讲有两种座次安排方法。

第一种是餐桌的窄边为主人的座位。餐桌的摆放应以尽量保证主人的座位朝南方向，或朝东方向。主人左手的长边旁第一张座椅为客人中的“尊位”，主人右手的长边旁第一把座椅次之，以下按此顺序排列。但有时也会根据客观情况有所例外。据说当年毛泽东到重庆谈判时，蒋介石宴请毛泽东时，使用的是长条桌，但座位摆放得很有意思。蒋介石宴请他人时，多使用长桌。长桌的一端安放一把椅子，作为蒋介石座位。但在宴请毛泽东时，蒋介石让人在长桌的一端安放了两张座椅，他和毛泽东肩并肩地坐在一起。

这种座次的安排是西方的座次安排方法演化来的，不适合中国人的餐饮习俗，主人、尊客都不方便进食。

第二种是主人与最尊贵的客人在餐桌两个长边中间相对而坐，其他人顺序而坐。这种座次的摆放是民间自定的，主要是方便尊客用餐。

家中日常就餐使用长方形餐桌时，应将长辈让至餐桌长面的中间座位落座，因为这个座位最便于就餐。

长方形的餐桌适合分餐制，不适合桌餐制，所以在聚会宴请、喜事庆典时还是应该使用方桌或圆桌。

方桌(八仙桌)的座次安排

长方形的高腿桌作为餐桌的时间比较短,在方形高腿桌出现后,中国餐饮便以方形高腿桌为主了。这种方形的桌子在中国民间俗称为“八仙桌”。之所以叫八仙桌,是因为这种方桌的每一边都能坐两个人,一桌可坐八个人。中国人有一种喜欢讨口彩的爱好,便潜意识地将这八个人比作道教中的“蓬莱八仙人”,所以这种能坐八个人的桌子被称为八仙桌。

一般来讲,八仙桌的座位主、次排序中,首先要确定桌子的四边中哪一边为上座,然后再确定上座中的哪一个座位为最尊贵客人的座位。当尊位确定之后,其他座位便可依序排列了。

按照中国传统的座位排序方法,一般来讲,八仙桌对着房间主要进出人的房门的一边为上座。

八仙桌摆在北房里,由于房间主要进出人的房门在南侧,所以桌子的北边为上座;八仙桌摆在南房里,由于房间主要进出人的房门在北侧,所以桌子的南边为上座;其他房间,以此类推。

上座的两个座位中,确定哪个座位为尊位,则需根据八仙桌在房间中的摆放位置和这个房间主要进出人房门的位置来决定。尊位应该是所有座位中视野最好的位置,能够直视或稍有倾斜即可看到房间的主要房门,能够最早观察到进入房间的人;尊位是离房间门口最远的位置,保证进餐过程中受到的干扰最少。这样安排尊位,应该说与该座位的位置最安全也有一定的关系。

确定八仙桌的尊位和座位主、次排列主要有三种情况。

第一种情况:桌子摆在北房的东边,房间主要进出人的房门在桌子的西南方向。

八仙桌的北面为上座，靠左侧的为尊位，右侧的次之；桌子西面的两个座位也应是客人的座位，左为上、右为下；桌子东面的两个座位为主人座位，其中右侧的为上，左侧的次之；桌子南边的座位为末位，民间俗称这一边为“席头”，坐在该座位上的人被称为“把席头”的。“把席头”的多为主人的亲朋密友，帮助主人照顾整个席面。

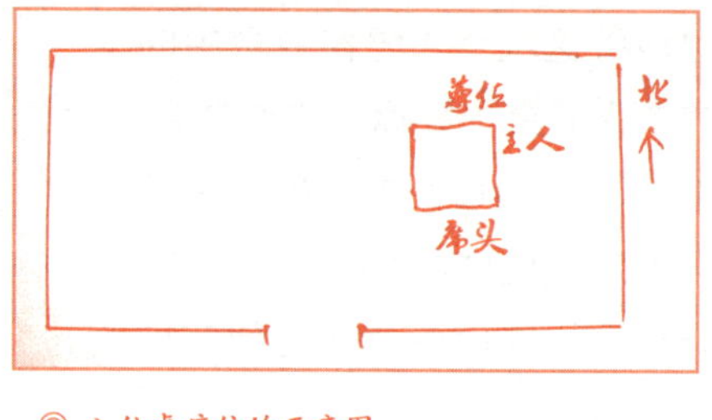

◎ 八仙桌座位的示意图

第二种情况：桌子摆在北房的西侧，房间主要进出人的房门在桌子的东南方向。

八仙桌的北面为上座，靠右侧的为尊位，左侧的次之；桌子西面的两个座位为主人座位，其中左为上，右侧的次之；桌子东面的两个座位为客人的座位，右为上、左为下；桌子南边的座位仍为末位。

第三种情况：桌子摆在北房的中间，房间主要进出人的房门在桌子的正南方向。在这种情况下，八仙桌的北面为上座，尊位的确定则依据当地、当时社会习俗是“尚左”还是“尚右”来决定。如果当地、当时社会上流行“左为上”，尊位的确定和其他座位排序就与第一种情况排序相同。如果当地、当时社会上流行“右为上”，尊位的确定和其他座位排序就与第二种情况排序相同。

八仙桌摆放在南房、东房、西房里，尊位和其他座位主、次排列与上述原则相同，只是方向不同。

在安置八仙桌座位时，还有几种特殊情况的处理办法：

如果被邀请的客人中，尊者只有一人，其他人无论是年龄，还是资历、声望等各方面都不能与之比肩的话，那么这位尊者也可独自一人坐在桌子的上座一边。

如果被邀请的所有客人，无论是年龄，还是资历、声望等各方面都明显低于主人的话，客人应将主人推至尊位，主人在谦让之后，可以坐到八仙桌的尊位上。

如果参加宴会的人较少，座位较宽松的话，桌子南边可以只安排一个“把席头”的，这样更便于上菜。

如果宴会上尊贵客人较多时，主人也可以挪到桌子南边就座。但应该坐在南边与尊位相对的座位上。

一般来讲，在八仙桌旁就餐，多使用无靠背的杌凳或可以坐两人的长条板凳，但在有条件的情况下，上座的两个座椅应该使用太师椅。

方桌（八仙桌）自身的正确摆放

按照中国传统习俗，八仙桌自身的摆放也是很有讲究的。

一般来讲，家庭中八仙桌多与条案、太师椅摆放在一起。条案靠墙摆放，八仙桌摆在条案的前面。八仙桌也可以直接靠墙摆放。

八仙桌的桌面是用数块木板拼成的。木板上面有树纹，因此八仙桌的正确摆放与桌面木板的树纹有关。

◎ 太师椅

八仙桌与条案摆在一起时，桌面的木板应该与条案的摆放呈水平状，同一走向；如果八仙桌靠着墙壁摆放的话，桌面木板应该与墙的走向呈水平状，同一走向。

按照树纹条路可区分出木板的上、下部。木板的上部应朝向桌子左边的方向。

用八仙桌招待客人时，桌面的木板应横对着上座。桌面上几块木板中最大的一块应靠近上座。木板的上部应朝向尊位的方向。一般来讲，木工在拼接八仙桌的桌面时，十分注意木板的树纹走向，以保证八仙桌能够正确地摆放。如果因房间主要进出人的房门位置的关系，确定尊位后，桌面上木板的走向无法保证树纹的上部朝向尊位方向时，应以桌面木板中最大的一块靠近尊位为准。

圆桌的座次安排

圆形餐桌大约是在清朝中后期开始出现的。由于一张圆形餐桌可以坐更多人，所以很快就在社会上流行开来。现在餐厅中、家庭中使用最多的是圆形餐桌。由于这种圆形的桌子不同于八仙桌，当时在座次安排上争议较大。清朝美食家袁枚所写的一首诗中，对这种现象还进行了描述：“让处不知谁首席，坐时只觉可添宾。”

经过长时间的实践，结合着中国传统的座次安排习俗、礼节，现在饭店中对圆桌席面上座位主、次安排的基本做法是，先确定主位，再确定尊位。确定主位，一般来讲，主要依据有以下几点：一是主位要面向房间主要房门；二是主位座位的左右、前后方向基本上与房间的四壁呈直线；三是主位的面向有时还需根据房间中的布置决定。条件允许的情况下，主位应背向房间中的主要装饰面。主位的后面最好不要有门;如果有门又避不开的话,也应在进餐过程中关闭锁上。

餐桌上的主位座位确定后,第一主宾的座位,也就是尊位的确定应与餐桌和房间主要进出人的屋门方向有关。主位两侧的座位,离房间主要进出人的屋门最远的座位为尊位,也就是第一主宾的座位。如果就餐房间主要进出人的门在中间,第一主宾的座位可依据当地、当时社会上流行"右为上"还是"左为上"的习俗决定。如"尚右",主位的右侧为第一主宾位(尊位),左侧为第二主宾位。第一、第二主宾座位的下位就是主陪、副主陪,然后为第三、第四主宾,依次排列。主位的正对面也就是末位,这就是传统中"把席头"的位置,坐在这个位置上的人在进餐过程中的任务,就是帮助主人做好餐桌上的服务工作。

炕桌的座次安排

旧时家庭日常就餐和宴请客人时,多在炕上使用炕桌就餐。这种就餐方式目前在城市中很少见到了,但是在一些地区依然保持。近几年来,在城市一些特色的饭店中,如农家院、历史氛围的饭店、韩国烧烤等饭店中也出现了使用炕桌来进行聚餐的情形。

炕桌一般多为方形、长方形。就餐的座次安排一般来讲与高桌的座次安排一样,没有什么太大的区别。使用炕桌就餐,多有一人在地下就餐,所以,无论何种安排方式,离房间进出人的房门最远处为尊座,在炕下就餐的是席面的末位等原则是不变的。

同一房间内，多桌席面的安置

一次宴会，有多桌席面，必须安排一个主桌。由于每个饭店房间的格局、走向不同，因此安排起来应视饭厅的环境决定主桌的位置。一般来讲应掌握以下几个原则：

一是在条件允许的情况下，主桌应该比其他餐桌大一些，在进餐前，桌面上摆放的装饰物应有别于其他桌面。

二是饭厅如果是长方形的房间，房间主要进出人的屋门在窄面时，主桌应安排在离房间主要进出人的屋门最远处，主位面向大家。这样做可以保证主桌的客人在服务员上菜时，受到的干扰最小。如果房间主要进出人的屋门在宽面的位置，并且房间内只能摆一排桌子的话，主桌应摆放到能够使主桌上的主位面向房间主要进出人的屋门，条件允许的情况下，尽量保证主位面向东方或面向南方的一边。

三是饭厅如果是长方形的房间，能同时摆放两排以上餐桌的话，房间主要进出人的屋门在窄面时，主桌应安排在离房间主要进出人的屋门最远处。在房间面积较宽裕时，主桌应单独摆放；房间面积较小时，主桌可与其他桌子摆在同一水平线上，与房间主要进出人的屋门斜对。房间主要进出人的屋门在侧面正中时，主桌应摆在离屋门较远的一侧。饭厅如果是正方形的房间，主桌应摆在离房门较远的一排桌子的中间。主位面向房门方向。

四是确定主桌后，在安排客人时，应注意的是距离主桌近的桌子，客人层次应高于较远桌子的客人。

五是现在有些饭店中，餐饮过程中，店方会安排一些节目演出，为进餐客人助兴。在这种情况下，在基本按照上述原则安排桌子位置的基础上，可将欣赏节目的最佳位置这个因素考虑进去。

第三节 客人就餐时的座位排位

在席面座位的主、次确定后，还需正确安置客人的座位。正式宴会上，一般来讲，客人的排位是以客人的声望高低、年龄长幼、职位高低综合考虑的。

尊重长者、尊重老师

一般朋友聚会，则应该完全按照传统的社会伦理理念排序，要按照尊卑、长幼有序安排客人的座位。同时，客人与被邀请人关系的疏密也应在座次安排时考虑进去。

家庭聚会时，席面上主位理所当然应留给家中辈分最高的长者来坐。其他人则按照辈分高低、年龄长幼来安排好座次。

家庭日常就餐时，桌上的座位虽然可以不分主次，但是必须将家里的老人让到进餐过程受干扰最少的座位上就座。孩子绝不应该坐在最好的座位上。对孩子的教育应从点滴做起。就餐时座位的安排就应从小开始教育。

邀请人对待自己的老师必须充分尊重。《鸣沙石室佚书·太公家教》中所说的“**一日为师，终身为父**”的理念贯穿于中华民族数千年。作为老师能够屈尊前来参加自己举办的聚会，这是一个人最大的荣光。所以，作为学生的邀请者必须将自己的老师让至上座就座。

使用圆形餐桌就餐，如果就餐人数较少，桌上座位坐不满时，主位的位置也不应改变；就餐人落座时，要尽量保证主位处于中间位置。

“不讲礼”的座次礼节

按照现在社会上流行的座次安排，餐桌上的主位，为邀请人的座位。现实生活中，聚会宴请的席面之上有一个“不讲礼”的礼节，这就是将这种正常的座位排列按照顺时针的方向挪位，次序全部打乱。主要客人坐在主位上，主人则坐在客人的左侧。之所以出现这种情况，原因只有一条：在宴会上，特别是朋友聚会时，如果你宴请的客人中有年龄较长、辈分较大、德高望重的客人，那么你就应该按照这个“不讲礼”的礼节来处理。这种“不讲礼”的礼节，不但适用于亲朋好友间的聚会，即使在正式的宴会上，如果你宴请的客人职务较高、年龄较大、年高德劭，在社会上有极高的威望，那你也应该按照这个“不讲礼”的礼节来处理。

其实这个“不讲礼”的礼节是最讲礼的。《礼记·曲礼》中说过“**为人子者**”“**坐不中席**”。待客的时候“**年长以倍，则父事之。十年以长，则兄事之。五年以长，则见随之**”，也就是说，与年长自己四五岁的人一起行走时，都应略微靠后一点，以示尊重，更何况席面就餐的座位呢。

客人中有年长之人和尊者必须让到中席，也就是主位上落座，这是中国传统礼节的具体体现。周恩来总理在宴请一些社会贤达人士时，总是自己居于下座。他们对宴席座位排序的知识要远远高于常人，这样做，充分体现了中华民族尊老敬老的传统，这种做法也正是周总理人格魅力的体现。

在现实生活中，有些年轻有为的青年人在宴会上，过于强调座位排序的礼节，即使客人中有年长者、老领导、自己的师长，但自己仍心安理得地坐在主位上，这样的做法是有损自己形象的。

作为长者，在聚会宴请时，特别是在正式宴会上，当邀请人请你坐在主位上时，自己应尽力推辞，如推辞无果的情况下，一般可以将主位的座椅向第二主宾座位方向适当地挪动一点，以示对主人的尊重。

此外，如果所邀之人中有需要自己让出主位的尊者，邀请者可提前通知饭店，在摆放座位时，以原主位的位置为中点，主位、尊位的座位摆在中点的两侧。

父子不同席

“父子不同席”是中国传统的安置席面座次时应遵循的原则。这句话出自《礼记·曲礼》。按照传统，在一些典礼宴会上，如果有父子二人同时参加的，邀请者应将父子分别安排在不同的席面上。

孔子的年代，中国还没有方桌，所以孔子所讲的“父子不同席”的“席”应该是“席地而坐”的“席”。当时所说的“不同席”应该是指父子不能坐在（跪在）同一张“席子”上。为什么父子不能同席呢？因为按照中国传统的礼仪，从客人的座位位置可以看出尊卑长幼，假如父子同到一家做客，且父子同坐在(跪在)一张“席”上,旁人是无法确定两人身份的。随着社会的发展,当大家已经不席地而坐了,“席”字也被赋予了新的内涵,成为“宴席”的简化称谓。民间百姓对孔子所说“父子不同席”的理解,变成了“父子不能在同一桌酒席上”。这一点倒是充分地说明了中国的礼仪主要来自民间的习俗,礼仪是固化成为理论的习俗。

“父子不同席”能够成为中国社会上聚会宴请安排座次的一条原则,与现实中的需求有着直接的关系。一是父子坐到同一张桌子旁,邀请人对爷俩的座次是无法摆放的;二是聚会宴请时,亲朋好友相聚一起,多数时候会开怀畅饮,谈笑风生,在这种嬉笑忘形之时,父与子最好不要同桌,否则双方都会拘束,都不能尽兴。

“父子不同席”主要指的是正式的典礼宴席,家中就餐不能按照这种礼节处理。即使在大家族中,团聚进餐时,父子也是可以在同一餐桌上的。《红楼梦》第七十五回中,荣国府庆中秋,全家团聚时,就是父子同席聚餐。“凡桌椅形式皆是圆的,特取团圆之意。上面居中,贾母坐下,左边贾赦、贾珍、贾琏、贾蓉,右边贾政、宝玉、贾环、贾兰,团团围坐,只坐了半桌,下面还有半桌余空。”贾母“于是令人向围屏后邢夫人等席上将迎春、探春、惜春三个请过来”。

“父子不同席”也应灵活掌握。如果父子同去一处,主人无法分设席面时,还是一味地强调这一原则,事情就无法处理了。在这种情况下,作为主人安置座位时,应避免将父子安排到相对而坐,或并肩而坐的座位上。在家里也是如此,要尽量避免父子相对而坐。《蒙以养正》中说过:“莫朝父坐,莫对师尊。”

兄弟之间长幼有序

中国的传统中是十分讲究“孝悌”的。一般人对“孝”很理解，对“悌”有些陌生。从家庭层次讲：“孝”指的是对父母的尊重敬爱；“悌”指的是兄弟姐妹之间的尊重友爱。

安排宴席的座次时，作为主人一般都十分重视父子关系的座次安排，但对兄弟姐妹之间的座次安排有时会忽视。在宴请客人时，如有兄弟二人同时参加的，必须将兄长排在弟弟的前面。即使兄弟二人年龄相差很小，弟弟的社会地位很高，也必须要按照这个原则设置座位。如确因工作需要无法安置座位的话，宁肯分两次宴请，也不要将弟弟放到主位，兄长放到次位。因为如果对方的家庭教育很好，十分重视礼节的话，在进餐落座时，弟弟绝不会在兄长坐在次座的情况下，自己到上座就座，如发生这种情况，会使场面很尴尬。

夫妻同序

作为夫妻同时参加宴会时，无论是妻子陪同丈夫出席宴会，还是丈夫陪同妻子出席宴会，妻子（丈夫）的座位应该与丈夫（妻子）比肩排序，也就是说要同等对待。《礼记·郊特牲》中说过，夫妻“共牢而食，同尊卑也”，“坐以夫之齿”。意思是说，夫妻同用一个餐具吃饭，尊卑是一致的。所以在安排席面主次座位时，妻子（丈夫）的座席应该按照丈夫（妻子）的身份来确定。主人要将妻子（丈夫）安排到与其丈夫（妻子）身份相符的席位入座。安排席面座次的人应该清楚这样一个道理：对客人妻子（丈夫）的不尊重，实际就是对客人本人的不尊重。

男女不同席

《礼记·曲礼》中有这样一句话："男女不杂坐。"意思就是男女不同席，宴请宾客时，男女不能混坐在同一席面上。还说"姑、姊、妹、女子子，已嫁而反，兄弟弗与同席而坐"，意思是，即使是自己家的姑、姐、妹、女儿出嫁后，在回娘家参加宴会典礼时也不能与兄弟坐在一个席面上。这种传统礼节，随着社会的进步已经被逐渐取消了，不过在一些地区还保留着。典礼之上，席面座位安排时，尽量将男女分开安置到不同的席面上。

这种做法，不能简单地理解为封建意识。如果你认真地分析分析，就会发现，这种"男女不同席"的习俗保留，实际是一种形式上的保留，原有"男女授受不亲"的内涵已经不存在了。之所以这种做法能够在一些地区保留下来，其原因与保留"父子不同席"的原因相同。同样是聚会宴请时，亲朋好友相聚一起，多数时候会开怀畅饮，谈笑风生，在这种嬉笑忘形之时，女和男最好不要在同一桌上，否则双方都会拘束，都不能尽兴。基于这个原因，在安置宴会座次时，还是应该考虑到这个"男女不同席"的因素。

第四节 对席面座位主、次安排的再认识

古时尊客，现代尊己

了解了方桌、圆桌的主、客座位排序后，你会发现一个问题。古时我们的先人在使用方桌宴请客人时，确定席面座位的主、次，首先是确定尊位，一个桌子的最好位置是留给最尊贵的客人的，主人则坐在相对差的位置。其他人的座位主次安排，也是以尊位的位置来决定。这种座次安排的原则充分体现了中国人好客、尊客的传统理念和尊卑长幼有序的伦理观念。进入现代社会后，我们在使用圆桌邀请客人就餐时，确定席面座位的主、次，首先是确定主位，一个桌子的最好的位置留给了主人，客人则坐在相对差的位置。整个席面座位主、次，是以主位的位置来决定的。这种座次的安排原则充分体现了邀请者个人的社会价值。这种变化是何时开始的？为什么会出现这种状况？这就需要社会学家进一步研究和探讨。

当然，在家庭就餐时，无论使用圆桌、方桌还是长方桌，最好的位置基本上还能保证留给长辈，但愿这种做法永远不要改变。

针对目前社会席面座位主、次安排的现状，考虑到中国传统文化，圆桌座位主、次的安排是否可以采取另外一种方式，

也就是像前面所说的那样，先用现在流行的方法确定主位，以此为中心点两侧摆上座位，然后按照房间进出人的房门位置，或依照“左为上”或“右为上”的习俗，确定这两个座位哪个是尊位，哪个是主位。

席面上的座次“尚左”“尚右”说

在席面座位的主、次确定上，自古以来一直有“左为上”或“右为上”的两种说法。

古时中国，关于“以右为上”的礼仪，在书籍中记载很多。《礼记·月令》中记载：“道路，男子由右，妇人由左，车从中央。”《礼记·内则》中记载：“道路，男子由右，女子由左。”《史记·廉颇蔺相如列传》中记载：“既罢归国，以相如功大，拜为上卿，位在廉颇之右。”《史记·陈丞相世家》中记载：“孝文帝乃以绛侯勃为右丞相，位次第一；平徙为左丞相，位次第二。”这些文字为“以右为上”提供了佐证。

但是“以左为上”的习俗也同样在社会上流行。在成书年代基本与《礼记》相同的《道德经》中记有：“君子居则贵左，用兵则贵右。兵者不祥之器，非君子之器，不得已而用之。”“吉事尚左，凶事尚右。”《左传·桓公八年》中记载：“楚人上左。”《逸周书·武顺》中记载：“天道尚左，日月西移。”并且在一般情况下，“左为上”的观念在民间广泛流行，深入人心。这些文字又为“以左为上”提供了佐证。

到底是“左为上”还是“右为上”，是“面南为上”还是“面东为上”，应该说从古到今没有定论。中国历史上和现代的一些学者，对“左为上”还是“右为上”也一直持不确定的态度。

如对“席地而坐”的座位主、次的安排时，一直是以“面东而坐”为上座。其依据是《史记·项羽本纪》中一段记录项羽宴请刘邦时的座次。这个说法为众多学者所认可、所采纳。但是在成书于《史记》之前的《礼记·乡饮酒义》中对席地而坐的宾、主座位排序却是这样说的：“宾必南乡”，“主人必居东方”，“介必东乡”（介为宾的随从）。这三句话的意思就是：宾客为尊，应面南而坐，所以坐在北侧；东方主万物生长，主人坐在东边，面向西，表示愿意用万物来招待客人；“介”作为“宾”的随从，应该坐在西侧，面向东的位置上。按照《礼记》中的这种说法，西侧面东的是末位，与流行的“面东而坐”为上座的说法正相反。《史记》与《礼记》成书年代相差不过数百年，但是各自记载的座次安排却截然不同。

“左为上”还是“右为上”，实际是取决于当地、当时社会流行的是“尚左”还是“尚右”的习俗。

在《元史》中，刘致说过：“古人所尚，或左或右初无定制。”南开大学的朱彦民教授在《殷人尚右观念的再思考》中说：“在中国三千年历史中，尊左或尊右也各朝不一。流行的说法是：商代尚右，西周尚左，春秋战国时中原各国尚右，楚国、秦国尚左，汉初以右为尊，武帝后尚左，魏晋隋唐宋辽金皆尚左，元代尚右，明清尚左。”

《礼记·曲礼》云：“奉席如桥衡，请席何乡，请衽何趾。席南乡北乡，以西方为上；东乡西乡，以南方为上。”这句话的意思是：如果有长者来做客时，在安放席位时，主人要双手捧着席子，问客人“何乡”（何向）而坐。如果“席”安置为“南乡北乡”（南北走向），则“以西方为上”（坐西面东）；如果席安置为“东乡西乡”（东西走向），则“以南方为上”（坐南面北）。这句话经常被引用来证实“坐西面东”“坐北面南”为上座。实际上正是这句话，说明了古时决定座位的主、次不是僵化的,“请席何乡”,就是说主人在征求来访者如何安席。

现代中国民间比较崇尚于“左为上”。只要涉及排序的事情,大部分都按照“左为上”的原则。四合院的北房左为东,所以老人住在东间;大门上的对联,左边为上联,右边为下联;伏羲女娲图,伏羲在左,女娲在右;中医把脉,男子取左手,女子取右手;看手相也是男左女右;包括佛教庙宇大殿中供奉的竖三世佛宝座排列,也是以“左为上”。中间宝座上是现世佛,也就是如来佛;左边宝座上为过去佛,也就是燃灯佛;右边宝座上是未来佛,也就是弥勒佛。燃灯佛是为如来佛授记的佛陀,所以宝座安放在如来佛的左侧。这可能与明清时“尚左”有直接的关系。

“左为上”或“右为上”是社会习俗,应该说是约定俗成的。在这一点上,法国著名的社会学家和汉学家葛兰言先生在《中国的尚右与尚左》一书中说得更清楚,更直截了当:“**尚左还是尚右总是取决于具体情况,取决于时间上和地点上的特定环境。**”

1972 年,美国总统尼克松访华时,周恩来总理几次宴请他。但是每次宴会上,尼克松总统座位的位置不是一成不变的。有时在周总理的左侧,有时在周总理的右侧。周恩来总理对中国的礼仪是十分了解的,在他的领导下,国宾宴会的座次是不会出现错误的。可见,“左为上”还是“右为上”,“面东”还是“面南”不是僵化的。在确定了“尊重客人为上”的基本原则后,“左为上”还是“右为上”主要是“取决于具体情况,取决于时间上和地点上的特定环境”。

现代社会中,在饭店聚会宴请时,席面上的座位安置如果是以左为上,这就是“尚左”习俗;以右为上,这就是“尚右”的习俗。但是无论尚左还是尚右,席面上的座次安排与餐桌位置和房间主要进出人的房门位置有着直接的关系。

第六章 席面菜肴

中国菜肴色香味，名扬天下；
宴请点菜细思量，节约惜福。

第一节 中国菜肴历史悠久

喜庆典礼宴请，日常相邀聚会，都是社会生活中的人际交往。席面之上，业务伙伴彼此之间往来应酬相谢，工作同仁闲暇之时沟通感情，朋友之间相托之后表示感激之情，老友亲朋团聚怀古叙旧。聚会宴请的实际目的主要是感情沟通，品尝美味佳肴应该放在第二位，话虽然可以这样说，但宴请席面上菜肴的质量、菜肴的数量和菜肴的荤素搭配却是不容疏忽的。

中国人的饮食，一般分为主食（面食、米类食物等）、菜肴（烹煮煎炒肉类、蔬菜）和各种佐餐的小食物调料。一般来讲，平日里大家说“吃饭”主要是吃主食，但是在聚会宴请时，说是请人来吃饭，但这种吃饭并不是请他人来吃主食，或是以主食为主。请人吃饭实际上主要是吃菜，主食则成次要的了。钱锺书先生在《吃饭》中就说到请人吃饭，特别是“吃讲究的饭事实上只是吃菜”。

中国的菜肴烹制有着悠久的历史。有人讲，中国在远古时期就已经出现了菜肴的烹制技艺。东汉的王逸说过，帝尧时的彭祖就已经“善斟雉羹”了。据说“雉羹”就是用鲜美的野鸡加上稷米用慢火焖炖而成的。所以后人把彭祖这位中国历史上最长寿的人，奉为中国菜肴烹饪的祖师爷。《史记·殷本纪》中也有一个记载，就是伊尹“负鼎俎，以滋味说汤，致于王道”。这就是著名的“伊尹负鼎”的故事。由于这位辅佐商汤王灭掉了夏朝的伊尹善于做汤，并且还能将做汤的原理运用到治理国家的理念之中，所以也被后人奉为中国菜肴烹饪的祖师爷。这两个人物的故事，如果说彭祖“善斟雉羹”有点神话色彩的话，“伊尹负鼎”则是《史记》上有明确记载的。即使我们对两种说法的准确性都有所怀疑的话，但有一点是可以肯定的，中国人自古的一些大思想家、政治家十分讲究食物的处理和菜肴的烹饪，并将烹饪原理与治国之道有机地结合在一起。

中国的先哲、道家学说的创始人老子在《道德经》中曾说过“治大国若烹小鲜”。意思是治理国家的道理与烹制小鱼的道理相同，“烹鱼烦则碎，治民烦则散，知烹鱼则知治民”。儒教创始人，著名思想家、教育家孔子的论述中也有许多关于饮食方面的论述。在被奉为中国儒家经典的四书五经中对这个问题有很丰富的记载。《礼记·内则》中，就有相当一部分内容是讲食物的处理和烹制方法的。如书中记载了“春宜羔豚，膳膏芗。夏宜腒鱐，膳膏臊。秋宜犊麛，膳膏腥。冬宜鲜羽，膳膏膻”和“不食雏鳖，狼去肠，狗去肾，狸去正脊，兔去尻，狐去首，豚去脑，鱼去乙，鳖去丑”等处理食物的方法。文章中对烹制菜肴的方法，如“淳熬”“炮”“捣珍”“渍”“熬”“糁”等烹饪技巧，也进行了详尽的介绍。这些对食物的处理方法和烹制的技巧，至今依然在遵循使用。《论语·乡党第十》中也对饮食的方式方法做了详细的记述：“食不厌精，脍不厌细。食饐而餲，鱼馁而肉败，不食。色恶，不食。失饪，不食。不时，不食。割不正，不食。不得其酱，不食。肉虽多，不使胜食气。惟酒无量，不及乱。沽酒市脯，不食。不撤姜食，不多食。祭于公，不宿肉。祭肉，不出三日；出三日，不食之矣。食不语,寝不言。”这些记载中的很多内容,直到今日依然有很强的生命力。

第二节 中国菜肴的特点

一般来讲,中国菜肴有这样几个特点:一是品种繁多,风味各异;二是烹制所选用的原材料十分的讲究;三是烹饪制作的工艺十分精细;四是不时,不食;五是与之相配食用的配料十分讲究;六是其名称有着丰富的文化内涵。

中国菜肴品种繁多

中国菜肴经过了数千年的发展,由于各地区的地理环境、气候条件、地方特产和民间的习俗各异,逐渐形成了四大风味菜系,即鲁菜、川菜、粤菜、淮扬菜。顾名思义,鲁菜形成和发展于山东,川菜形成和发展于天府之国,粤菜形成和发展于珠江三角洲,淮扬菜形成和发展于苏南扬州。

北方人口重,鲁菜味重;蜀地潮湿多雨,川菜味辣;南国多海味,粤菜味鲜;江淮人口淡,淮扬味纯:四大菜系各有千秋,各有特色。通过煎、炒、烹、炸、煲、炖等烹饪过程,每个菜系中的菜肴品种数不胜数。

现代社会,全国各地为了经济发展,都在挖掘本地的各种资源,所以现在又出现了很多地方菜系,如福建的闽菜、安徽的徽菜、湖南的湘菜、上海的本帮菜等地方菜系。这些菜系体现出当地特色的烹饪技艺。但是应该说,这些菜系实际上应该是四大菜系的各自延伸。

当今社会,随着经济的发展,人员交流的频繁,原来一些经济、交通不发达的地区,现在也已经发展起来了,其当地的饮食也逐渐为外界所认识。在保留中国原有的四大菜系的同时,中国的菜系还应该按照地方区域来再次划分。按照各地菜肴的主要味道和烹制方法,中国各地的菜肴,大致上可以划分为六大菜系:一是华北、东北的菜肴应该称之为鲁菜系;二是西南地区的菜肴应该称之为川菜系;三是长江中下游地区的应该称之为淮扬菜系;四是珠江三角洲地区的应称之为粤菜系;五是福建、江西等东南地区的应称之为闽菜系;六是西北、内蒙古地区的应该称之为西北菜系。

在谈到中国菜系时,无论何种划分,都没有西北菜系一说。其实中国西北部,包括内蒙古地区,其菜肴、面食与其他地区的菜肴是截然不同的,是独成体系的。特别是西北地区,居民中有相当一部分人是穆斯林,当地多食用牛羊肉,所以以牛羊肉为主体的西北菜肴,包括清真菜肴都是很有特色的。即使不去当地挖掘,仅在北京地区,就可以看到很多具有西北特色的菜肴和清真菜肴。如涮羊肉、烤羊腿、烤羊背、炸羊尾、烤羊肉串、手扒肉、蒸羊羔、烧羊肉、芫爆散丹、芫爆里脊、葱爆羊肉、红烧牛尾、扒肉条、它似蜜、大盘鸡、白水羊头、爆肚、羊杂碎汤,等等。主食更是数不胜数,如羊肉抓饭、烤馕、拉条子、羊肉泡馍,等等。所以中国的菜系中应该有一个“西北菜系”。

西北地区的一些高档饭店也在积极引进淮扬菜、粤菜、川菜、鲁菜。这种做法是为了丰富本地百姓的饮食品种，对开放当地的旅游市场是很有必要的。但是西北省市还应该认真挖掘具有浓厚的当地特色的菜肴，并将其集中整理，形成系列，使其成为具有西北特色的菜系。

中国除了这些大的菜系以外，还有一种菜系应该有所记录。那就是素菜。

素菜大约是在魏晋、南北朝时随着佛教提倡的“戒杀生，大慈悲”的理念出现的，汉族中的佛教徒便开始戒食肉食。佛教庙宇中的和尚只食素食。赵朴初先生曾经说过：“从历史来看，汉族佛教吃素的风习，是由梁武帝的提倡而普遍起来的。”由于中国的世俗社会中有许多在家中修行的佛教居士，再加之食用素菜对人体健康很有利，所以素菜发展自成体系，风格别致，成为丰富多彩的中国菜肴和饮食文化的一个重要组成部分。

素菜主要以蔬菜、菇类、菌类和豆制品为原料，烹制菜肴时使用植物油。素菜中又可以分为两种：一种是纯佛家的素菜，也称之为“斋素”。这种素菜只使用青菜、豆腐等原材料做成。还有一种为社会上流行的素菜。这种素菜与“斋素”使用的原材料一致，但有一个有趣的现象，就是这些素菜的名称，都使用荤菜的名称，如素鸡、素虾、素酱肉、素肘子、素火腿、鱼香肉丝、红烧鱼、回锅肉，等等。菜肴中的“虾”“鱼”“肉”等都是用豆制品或面筋制作成型后再烹炒。用这种素的“虾”“鱼”“肉”烹炒出的菜肴，样式与真正的荤菜很难区别。这种做法，为的是适应世俗社会的需求。北京城里较著名的素菜馆，有位于台基厂南口的“全素斋”、位于地安门西大街 103 号齐鲁饭店院内的“慈海素心”和位于西山大觉寺里的素菜餐厅等。

中国菜肴选料考究

烹制出的菜肴是否能够达到美味的标准，选择原材料是十分重要的。早在春秋战国时期，我们的先人就已经十分注意这一点了。《礼记·内则》中有这样一段对选择原材料的论述：“牛夜鸣则庮；羊泠毛而毳，膻；犬赤股而躁，臊；鸟皫色而沙鸣，狸（音蔚）；豕盲视而交睫，腥；马黑脊而般臂，蝼。”这段文字记述的意思就是：夜间喜欢叫唤的牛，其肉必臭；毛色不好、擀毡了的羊，其肉必膻；屁股上没毛的狗，其肉必臊；毛色不好、鸣叫嘶哑的鸟，其肉质不好；目光不好、睫毛粘在一起的猪，其肉必腥；脊背上长着黑色毛的马，其肉有异味。所以，使用这些肉是不能烹制出美味菜肴的。

现实生活中，各个饭店为了保证自己店中名菜的质量，在选择原材料的时候是十分讲究的。如北京的老字号“东来顺”，店中供应的羊肉必须使用内蒙古锡林郭勒草原上生长的羊。因为锡林郭勒草原的水土极好，生长出的草含有丰富的矿物质，因此吃这种草长大的羊其肉质极佳。一涮即熟，久涮不老，肥而不油，瘦而不柴，不膻不腻，味道鲜美。北方地区的很多饭店里都有“糖醋鲤鱼”这道菜肴，但是最正宗的“糖醋鲤鱼”，必须使用黄河中上游的鲤鱼和山西的老醋。如果你用其他地方的鲤鱼和醋，鱼肉的土腥味大，高温烹制后的醋酸味过重。北京一些经营鲁菜的高档饭店，如丰泽园、东兴楼等饭店中的“葱烧海参”十分美味。但是要想达到这种美味，海参必须使用山东庙岛群岛海底出产的梅花刺参，海参的大小以每斤在五十至六十头的为宜；大葱必须使用山东章丘地区出产的大葱，并且只能使用葱白。北京全聚德制作的“挂炉烤鸭”,鸭子必须是在永定河畔长大的北京填鸭。因为这种鸭子的体形大、生长期短、肉质好,用这种鸭子烤制的“挂炉烤鸭”外形美观、颜色鲜艳、皮脆肉嫩、香而不腻。除了这些饭店中的招牌菜外,就连烹炒的家常菜,如果你要想品尝到最佳的美味,也同样需要最好的原材料。如老北京人喜欢吃的家常菜“炒豆嘴儿”。如果想要吃到最正宗的豆嘴儿,那么你必须使用关外(东北)出产的大黄豆。这种黄豆的豆腥味小,出芽率高,见火就烂。

中国菜肴制作工艺精细

中国菜肴讲究的是色、香、味俱全。这就是说,烹制出的菜肴不但要味道鲜美可口,同时还必须做到菜肴颜色的搭配美观。孔夫子曾经说过:“食不厌精,脍不厌细。”

要想达到色、香、味俱全,炒菜前的备料准备阶段就十分重要。《论语·乡党》中记载的“割不正,不食”,就是强调菜肴的备料是不能忽视的。

“脍不厌细”“割不正,不食”,说的是炒菜的肉丝必须切得很细;切出的肉丝外形要很漂亮,要切得很正,不能切歪了。《论语·乡党》中还说道:“色恶,不食。失饪,不食。”这实际是说:菜肴的烹制特别讲究火候,菜肴出锅时间要恰到好处,否则就不要吃了。

以最简单的家常菜肴为例。炒豆芽菜是最普通的一道菜,家家都会炒,家家都食用。但就是这样一道最简单的菜也有很多的讲究,要想炒好也不容易。特别是饭店中炒豆芽菜,应该是十分讲究的:首先要掐去豆芽黄绿色的头部和有毛根的尾部,只留中间的一段,以确保炒出的豆芽色泽洁白,像一根银针。炒豆芽时要放一点韭菜，使得炒出的菜肴白绿相间，鲜美可口。白色的豆芽，绿色的韭菜，如玉，如翠。炒豆芽菜的火候十分重要，如果欠火的话，豆芽中的水分没有出来，配料味没有进去，吃起来口感太水，无滋味；如果火候不到的话，韭菜吃起来是有辣味的。如果过火的话，豆芽里的水分全出来了，不挺直了，韭菜也变黑了，整个菜肴缺少美感。用这种掐头去尾、保留中段的豆芽炒出的菜肴，菜名已经不叫"炒豆芽"了，而是被称为"翡翠银针"。使用鸡丝肉炒出的豆芽菜，则被称为"鸡丝银针"。

不时，不食

现代社会中，由于科学技术的发展，反季节食物很多。这种饮食不符合中国的传统饮食习俗。在《论语·乡党第十》中记载了孔子说过的一句话："不时，不食。"按照现在的说法就是什么季节吃什么食物，要吃应季的食品，不吃反季节的食品。

中国人传统的观念是"天人合一"。天有四季，人就应该有四时；食物按照四季生长，人就应该按照时令进食。这就是说什么季节就应该食用什么食物、使用什么调料。《礼记·内则》中说得十分清楚。如："春宜羔豚，膳膏芗。夏宜腒鱐，膳膏臊。秋宜犊麛，膳膏腥。冬宜鲜羽，膳膏膻。"再如"春多酸，夏多苦，秋多辛，冬多咸"，等等。春季阳气上升，人肝火上亢，应食用一些滋阴疏肝理气的食物。可食用一些应季蔬菜，如葱、菠菜等，少食麻辣火锅、羊肉等食物，佐餐可食用豆豉等食物。夏季暑热，席面上要有性寒、能够清热解毒的苦味蔬菜烹制的菜肴，如苦瓜、苦菊等。秋季应滋阴润燥、补气养肺，可食用乌鸡、百合、芹菜、银耳等。冬季“数九”时易于进补，特别是招待年纪较大的客人，席面上可以有以海参、鹿肉为原材料烹制的菜肴。

中国人提倡吃应季的食物，提倡“吃鲜儿”。通过食物的变化，能感受到一年四季的季节变化。这实际就是人与大自然之间的和谐。同时，“不时，不食”的饮食习俗，从食品的营养价值讲，也是有一定道理的。所有食物的生长靠的是日光的照射，自然日照下生长的应季食物，营养价值肯定高于在人工条件下生长的反季节食物。日常生活中，我们可以感觉到蔬菜大棚里生长的蔬菜和一些利用催熟剂生产的食物，口感明显不如自然条件下生长的食物。

一些食物其自身的生长规律也决定了“不时，不食”。如秋后牛羊已过交配期，为了储存能量越冬，其肉质十分肥美、无膻气；韭菜“两头鲜”，春天、秋天十分鲜美，但夏季似草一般；菠菜只有春季口感好，天气变热后便无法吃了；白菜则必须是经过一定时间的储存，味道才可口；经过储存的大葱，冬季适合生吃，但是到了春天，葱开始变空，这时则应该食用新长出的小香葱；春天的香椿味道极佳，但是立夏后就成了无法食用的树叶了。

与菜肴同食的配料讲究

中国有一句俗语：“三辈子学穿，五辈子学吃。”这里所说的“吃”，并不是指席面上吃的大餐，实际上指的是烹制菜肴时的配料与食用菜肴时的佐餐小料。因为一道菜肴能否达到自身应有的美味，这些配料和佐餐小料是十分重要的。对这一点，我们的先人早就注意到了。如孔子就在《论语·乡党第十》中说过:“不得其酱,不食。”意思就是,没有好的佐餐调料就不吃了。

如在食用北京全聚德饭店的“挂炉烤鸭”时,用薄饼卷食烤鸭肉片。为了达到吃烤鸭的美味效果,饭店中使用的是纯黄豆制作的甜面酱,并且还要在其中配上秘不外宣的数种香料。薄饼中卷食的葱丝,必须使用山东章丘地区产的大葱的葱白部分,然后细细加工而成。作为烹制菜肴时的配料,也必须十分讲究。仍以全聚德饭店烹制的菜肴为例。全聚德饭店的一道名菜是“火燎鸭心”,这道菜使用的鸭心必须用茅台酒浸泡。只有用茅台酒浸泡过的鸭心,才能保证烹制出的味道独特,具有淡淡的酱香、酒香。再如吃涮羊肉的麻酱调料中的麻酱,必须是二八芝麻酱。也就是百分之八十的芝麻和百分之二十的花生制成的芝麻酱。现在有些饭店中,吃涮羊肉的调料所使用的芝麻酱,内中掺了大量的花生酱,这种调料入口后的感觉过于油腻,糊(hú)嘴。

即使是饭店里的一些家常菜和老百姓在家中的日常菜肴,其配料和佐餐的小料也必须十分讲究。只有这样,才能体现出“吃”的讲究。

如北方人喜欢的“酸菜白肉”,菜中的白肉必须先将五花猪肉放在加入调料的水中,用中火将油煮出,然后切成薄薄的肉片。食用“酸菜白肉”的时候,必须要有韭菜花酱作为佐餐小料。韭菜花酱最好不要食用当年新制成的,因为新的韭菜花酱辛辣味过重,口感不好。老北京人喜欢吃炸酱面,这种炸酱也是十分讲究的。酱中的肉丁必须使用肥瘦相间的五花猪肉切成。肥肉多了太腻,糊嘴;瘦肉多了不出油,无法拌面。酱也很有讲究。使用甜面酱炸出的肉酱符合现代人的口味,使用老黄酱炸出的肉酱符合老北京人的口味。北方人喜食水饺,在食用水饺时所蘸的佐料也是有讲究的。冬季吃白菜馅的饺子要吃腊八蒜,蘸腊八醋。由于冬季的白菜口甜,所以醋中如果再放入一点儿广东的老生抽,饺子的味道会更加鲜美;韭菜馅的饺子必须蘸上混合了中国芥末的醋,用芥末的甜辣味道衬托出韭菜的鲜美;胡萝卜馅的饺子微甜,所以食用时应该用饺子蘸着“王致和”生产的酱豆腐汁儿,味道极佳。吃涮羊肉时,必须食用北京六必居腌制的糖蒜。这种糖蒜的蒜瓣洁白,甜酸适度。

中国菜肴文化内涵丰富

中国的菜肴经过长期的发展和提高,已经有了很厚的文化内涵。许多菜肴的名称融入了民族文化,具有浓厚的民族特色。菜肴的文化多体现在菜肴的名称上。

中国菜肴的名称中,多有菜肴自身的一段传奇小故事。如“叫花子鸡”,是因其做法与民间乞丐用黄泥裹住飞禽,在火里烧烤的方法类似而得名。“红烧狮子头”则是因为丸子个头很大,形状像雄狮的头部而得名。“夫妻肺片”据说原为“夫妻废片”,是四川成都少城人郭氏夫妇利用下脚料制成的。卖出名后,将“废”变为“肺”,真正做到了变废为宝。清真菜“它似蜜”实际是烩羊里脊。因为当年慈禧老佛爷在吃这道菜时觉得好吃,便问一旁伺候的太监:“这道菜肴叫什么?”这位太监不知道这道菜肴的菜名,情急之下随口起了个“小名”:它似蜜。没承想“它似蜜”后来成了这道菜的“大号”了。“爆糊羊肉”则是南来顺饭店当年为前来吃饭的京韵大鼓的“鼓王”刘宝全回锅加热“爆羊肉”时,由于火大,爆羊肉有点糊了。没承想,歪打正着创出了一道新菜肴。还有“四喜丸子”“芙蓉鸡片”“佛跳墙”“麻婆豆腐”“福寿螺”“西湖醋鱼”“松鼠鳜鱼”“八仙过海”等都有一段传奇，个中故事数不胜数。

还有许多菜肴的名字直接来自名人。如川菜中的“东坡肘子”，据说制作方法来自宋朝苏东坡的烹饪技法。“宫保鸡丁”是清朝官员、四川总督丁宝桢家中所创的菜肴。“五柳草鱼”的烹饪技法据传是大诗人杜甫最先研制出来的。就是在现代社会里，这种现象依然存在。如现在社会上流行的“毛氏红烧肉”，据说就是按照毛泽东生前喜欢吃的红烧肉的烹饪方法制成的。

现在社会上，有一些饭店为了招揽顾客，将一些菜肴的名称与现实社会结合到一起。在北京的一家专门经营河南菜的饭店中，有一道凉菜叫作“鸿运当头”，实际上这道菜肴就是一只拆开的道口烧鸡。之所以叫“鸿运当头”，就是饭店将拆开后再摆好的道口烧鸡放到盘中，然后再将原有包装盒上的红色标签纸盖再放到盘中的鸡肉上面。这种做法一是表示这只烧鸡是地道的道口烧鸡；二是利用红颜色，给这道菜起名为“鸿运当头”。有些做法，充分显示了中国菜肴名称中的世俗文化内涵。不过由于某些做法，有的似乎过于世俗化了，所以只是昙花一现，很快就过去了。

第三节 饭店中点菜的注意事项

宴会上，席面上的菜肴搭配是十分重要、十分讲究的。由于宴请的目的不同、邀请的客人不同、宴请时的季节不同，所以每次宴请时的点菜不是一成不变的，每次都应该有适当的变化。一桌菜肴，所点的菜既要经济，又要实惠；既要兼顾大家，又要照顾重点客人；既要丰盛，又要健康。所以，宴请时的点菜应该是一门学问。

现在点菜一般都是在宴请的当日完成。邀请人提前一点来到饭店，参照饭店提供的菜谱，根据当日客人的情况，确定宴请时的菜肴。旧时，在老北京的一些饭店中，对于一些提前预订座位的老主顾，饭店的大堂经理（堂头）在向邀请人询问一些请客的目的和客人的基本情况后，便会根据这些资料帮助邀请人拟定出一份菜单来。对一些重要的顾客，饭店会让小伙计将拟好的菜单送到客人家中，提前征求客人的意见。

菜谱与菜单

客人到饭店点菜时，首先看到的是饭店里印好的菜谱。一个饭店菜谱的好与差，直接影响到客人对这个饭店档次高低的判断。应该说，现在一些较高档的饭店为了方便客人，同时也是自身宣传的需要，在菜单、菜谱上狠下功夫，印制十分精美。菜谱上，每道菜都有照片、价位和简单的介绍。但也有一些饭店，菜谱很简单，并且常年不换，很不整洁。这样的菜谱，势必会使客人对这个饭店的印象大打折扣。

在一些高档饭店中，席面之上会放置宴会的菜单。菜单的制作也同样会反映出这个饭店文化品位的高低。一个有文化品位的菜单，首先是造型新颖。菜单可设计为折扇形、宫灯形等形状。其次是菜单上的菜肴名称，如果能够用毛笔手书上去的话，那将极大地提高客人对饭店的认同感。最后是在菜单的整体设计上，可以留出就餐者签字的空白纸面，以便于喜爱者收藏，留作纪念。

公务宴请点菜

公务活动的宴请，是一种较正式的宴请。由于双方都有业务诉求，所以宴请必须丰盛一些。由于企业的经费支出是有一定限度的，所以邀请人应该提前来到饭店，在被邀请人到来之前，便将席面的菜肴点好。同时，还应该提前点好酒水。这种做法既可以避免因当着客人的面议论菜肴、酒水价格的高低而出现很尴尬的局面，又可以控制宴请的标准不会超出预算。

公务宴请时席面菜肴的价位高低、丰盛程度，必须与邀请者的单位在社会上的名望、经济实力相符。过高了，会使对方对宴请的目的产生疑惑；过低了，对方会感到自己没有受到应得的重视。

邀请人为了表示对被邀请人的尊重，在客人到来以后，邀请人可以将饭店的菜单亲自递给主要的客人，请其再补点几道菜。一般来说，作为参加公务宴请的被邀请人可以接过菜单，但不要去翻阅，只是说一些感谢之言，尊重邀请人对菜肴的选择，婉言谢绝点菜，并将菜单再返还给邀请人。

私人宴请点菜

私人聚会宴请的情况较复杂，所以点菜要区别情况，采取不同的方式处理。大致可以分为这样几种情况：

一是邀请人与大部分被邀请人不是十分熟悉，这种情况可参照公务宴请的点菜方法处理。

二是大部分被邀请人与邀请人很熟悉。被邀请人中又有大家公认的德高望重的尊者，那么邀请人可以提前点好部分菜肴，留出几道菜，在该尊者到来之后，请其帮助点菜。由于是私人聚会，相互较熟悉，该尊者可以视邀请人的身份、财力点一两道菜。点菜时需要注意的是：客人所点菜肴的价位，必须与邀请人的身份相当。如果邀请人有一定的社会地位，财力也允许的情况下，客人点的菜最好不要是菜单里面最便宜的菜，否则邀请人会感到很没面子；但也不能点菜单里最贵重的菜肴，避免让主人尴尬。最好的处理方法是点一两道具有就餐饭店特色的菜肴。

三是被邀请人与邀请人极熟悉，纯属朋友之间的聚餐。邀请人可提前点好凉菜，在大部分客人到来后，再一起商量着点热菜。这样既可节省时间，在客人来到后马上就可以上桌就餐，又可以在共同商量点热菜时，增加大家情感的沟通。这种点菜方式需要注意的是：客人中如果有女同志，依据现代社会“女士优先”的理念，邀请人应先征求女同志的意见。点菜过程中，邀请人千万不要提倡每个人各点一道菜的做法。因为一人点一道菜，容易造成菜肴的搭配不当。由于是请朋友点的菜，所以出现菜肴搭配不合理的问题时，自己也不好意思去改变了。被邀请人在点菜时，要处处为邀请人着想。一定要点与邀请人财力相应的菜肴；点过于贵重的菜肴，既不尊重邀请人，还容易产生误解。

注意饭店的特色菜肴

每个饭店都有自己的主菜系，或川，或鲁，或粤，或淮扬。每个饭店都有自家的特色菜，即招牌菜。这些招牌菜大多味道极佳，而且价位又不是很贵。如北京的花家怡园，店里的招牌菜是“炝炒圆白菜”，很便宜，但味道极美。所以在点菜时，应向服务员问清楚，该饭店的特色菜是什么，价位是多少。如果性价比合适的话，应该多点一些这样的特色菜。

如果是与外地来的朋友相聚，最好到具有当地特色的饭店，请朋友吃当地特色的菜肴。如天津的主人可以请朋友吃“狗不理”包子；北京的主人可以请朋友吃烤鸭、涮羊肉；杭州的主人可以请客人到西湖边上，吃正宗的西湖醋鱼；到了大西北，主人可以请客人吃一次烤全羊。宴请朋友时，具有当地特色的小吃也是应该考虑进去的。如云南的过桥米线、南京的城隍庙小吃、山西的各种面食，等等。北京的主人甚至可以请客人尝一尝最具北京特色的豆汁。

如果外地客人在返回家乡前，安排答谢当地朋友的宴请聚会，可以将宴请的地点安排在具有自己家乡特色的餐厅里。以在北京城里为例，山东朋友答谢北京朋友可安排在东兴楼，上海朋友答谢北京朋友可安排在老正兴。近些年来，很多省市地区驻北京的办事处，都建起了具有自己家乡风味的饭店，这些饭店经营的风味菜肴十分正宗，答谢朋友的宴会可以安排在自己家乡人开的餐厅里。

菜肴应组合搭配

席面上的菜肴一般都是冷热菜搭配。按照现在社会流行的做法，在档次高一点的饭店，标准的十个人一桌的菜肴应点六道凉菜，十或十二道热菜。如喝酒的客人较多，也可点八道凉菜。

凉菜尽量不要点大的拼盘。虽然说大的拼盘当中，菜肴摆放得十分美观，同时大的拼盘摆放在桌子的中间，周边围上数小盘凉菜，如众星捧月一般，但是现在的饭店里，桌子都较大，桌子上面都安放着玻璃转盘，大的拼盘摆在桌子的中间，不方便客人进餐；如果将大的拼盘摆在转盘的边上，由于盘子的大小不一，看起来既不美观，也不协调。

无论热菜、凉菜都要做到荤素搭配。邀请人要根据自己对客人的了解，决定荤素的比例。如年轻人多、喜食肉类的客人多，就应该多点几个荤菜，少点素菜；反之，则多点一些较清淡的菜。

无论热菜、凉菜一定要注意菜肴的多样化。特别是要注意菜肴的烹饪方法，尽量做到煎、炒、烹、炸的菜都有。同类原材料做成的菜肴，即使烹饪方法有所不同，也尽量不要重复点。

公务宴请时，可以视宴请预算的高低，点上一两道每人一份的高档菜，如鲍鱼等。按照中国的传统称谓，宴请的席面都按照桌上最贵的菜肴称为“××席”，如有鲍鱼的席面被称为“鲍鱼席”。所以点上一道或两道大菜，会使宴会的档次提高很多。个人宴请,尽量不要点每人一份的菜肴。因为即使是较低档的每人一份的菜肴,合计计算,菜肴的价位也是较高的。

点菜要兼顾众人的口味

点菜时要兼顾席面上所有的人。由于被邀请人的口味各不相同,因此在点菜时应尽量照顾到所有被邀请者的口味。但是俗语说得好:“众口难调。”因此,在众多的口味中,应该以被邀请人中的尊者、长者的口味为主,适当兼顾大家。

点菜时一般应点上几个适合大众口味、烹饪省事、上菜时间较快的菜肴,这样在宴席开始后,保证上热菜的速度,避免席面上只有凉菜,或宴请过程中菜肴出现“断档”的情况。

菜肴的数量应适量

在不熟悉的饭店就餐,点菜前应向服务人员询问一下该饭店菜量的大小。要视前来就餐人数的多少,决定菜肴的数量。既要充分满足客人的食量,又不要造成浪费。菜肴数量因人数多少而定。一般来讲,高档饭店菜精量少,凉热菜相加人均1.5个菜左右;中低档饭店菜量较大,凉热相加人均不要超过1.2个菜。

现在有些人在宴请他人时,为了显示自己的大方,总愿意多点菜,最后因为菜过多,台面上都放不下了,只能盘子摞盘子。这实际是一种很不文明的就餐习俗。一般来讲,席面之上不应该出现盘子摞盘子的现象。

进餐过程中，如果看到客人的食欲较好，或菜肴的量较小，确实感到席面上的菜肴不能满足客人需求时，邀请人可以在客人不注意的情况下，再加点几道做工简单、上菜时间较快的菜肴。

菜肴的档次

菜肴的档次取决于宴请的目的。宴请重要的业务客户，或有一定身份的重要客人，或难得一聚的远方朋友时，应该点一些档次相对高一些的菜肴，以示自己对被邀请人的尊重。日常的节假日亲属团聚、生活中的朋友聚餐等活动，则应以大家熟悉的中低档菜肴为主，适当点一两个高档次的菜肴。

尊重客人的饮食习俗

点菜时必须注意客人的饮食习俗，特别要注意客人的民族习俗、宗教信仰。这一点在点菜时绝对不能疏忽大意。

一般来讲，在中国的少数民族中，全民族信仰伊斯兰教义或遵守穆斯林习俗的民族有回族、维吾尔族、哈萨克族、柯尔克孜族、乌孜别克族、塔塔尔族、塔吉克族、东乡族、撒拉族、保安族等，客人中如有这些民族的朋友，或其他民族的伊斯兰教信仰者，席面上的菜肴中绝对不能出现大肉。客人中如有皈依佛教的朋友，席面菜肴应为素菜。同时还应注意，信仰佛教的朋友对葱、蒜、韭菜等辛味食物也是不食用的。如果宴请者在不知道的情况下，所点的菜肴中有这些食物，在知道后，一定要向这些朋友表示歉意；能调换的应该尽量换掉，实在不能换掉时，应将这些朋友忌食的菜肴集中放到远离他们的位置或撤下桌面，并应再单独点一两道适宜的菜肴，供他们单独食用。

如在宴请之前，就已经知道客人中有遵守特殊食用习俗的朋友，一是应尽量安排到与其食用习俗相同的饭店里宴请客人；二是如无这种饭店，则必须提前叮嘱饭店服务员，请饭店采用适合特殊食用习俗的方法来烹制菜肴。

菜肴数量必须为双数

席面上的菜肴数量必须为双数。因为在中国传统的文化中，只有冥供的供品数量才是单数。所以在宴请客人时，席面上的菜肴数量必须是双数。如果遇有特殊情况，宁可撤掉一道菜，也不能出现单数。一般情况下，凉菜的数量与热菜的数量是不能相加后为双数的，凉菜、热菜均应各自为双数。

用汤盆上的公用汤不应计入菜肴的数量中，但是属于主菜的汤菜，如佛跳墙、冰糖燕窝羹等汤菜应计算在主菜内。

勿点需啃食的菜肴

在一些正式的宴会上，只要不是为了品尝具有当地特色的菜肴，最好不要点那些需要客人用手拿起来啃食的带骨类的菜肴。因为被邀请者一般都比较注意自己的形象，不愿意直接用手去拿这些菜肴食用。这样，最后往往造成浪费。

菜肴中无鱼不成席

宴会的席面上必须要有一道用鱼烹制的菜肴。中国有句俗语,叫作“无鱼不成席”。之所以有这种规矩,估计“鱼”与“余”的字音相同。中国人喜欢讨口彩,好的事情都喜欢“有余”。

按照传统,一般来讲,席面上的热菜中,鱼为最后一道菜。讲究的饭店肯定会按照这种传统的规矩上菜。所以只要席面上摆上了鱼,这就标志着热菜已经上完了,下面将要安排主食了。在家庭中聚会宴请时,也应该把整鱼烹制的菜肴最后端上餐桌。

需要注意的是,该菜肴必须是用整条鱼烹制的,用鱼片烹制的菜肴是不算数的。即使出于厨具大小的原因,烹制时必须将鱼切开,但在菜肴做好之后,放入盘中时,也应将鱼在盘中排列成整鱼的形状。

席面上必须有汤

比较正规的聚会宴请,席面上应有一道汤菜。为什么要上一道汤菜?清朝袁枚在《随园食单》中,对席面上这道汤的作用说得很清楚,席面上的汤,应“度客食饱,则脾困矣”,“须用辛辣以振动之”。

席面上汤的样式很多,但是最好应选用有酸辣味的汤。袁枚说道:“虑客酒多,则胃疲矣,须用酸甘以提醒之。”酸辣味的汤可以帮助客人醒酒,有利于进餐者的食物消化。

上面已经说过,这种醒酒、化食的汤,不应计算在热菜数量中。

注意养生之道

随着生活水平的提高,现在人们都十分注意养生之道,所以点菜时应该注意甜、酸、苦、辣各种味道菜肴的搭配,注意季节的需求。中国传统认为,甜、酸、苦、辣、咸与人体中的五脏是相对应的。《黄帝内经·宣明五气篇》中记载:“**五味所入:酸入肝,辛入肺,苦入心,咸入肾,甘入脾。**”《彭祖摄生养性论》中说道:“**五味不得偏耽,酸多伤脾,苦多伤肺,辛多伤肝,甘多伤肾,咸多伤心。**”这就是我们先人的辩证法。只要五味适量,都对人的身体有益处,如果你偏重一味,便会打乱身体的平衡。

现代人在饮食上还十分注意进食时的酸碱中和,注意食品中胆固醇的含量高低。身体较富态的人注意减肥,尽量少摄入含热量高的食物;身体羸瘦的人又十分注意食补,愿意吃一些高热量的食物;正常的人又注意食疗。这些问题都需要在点菜的时候考虑进去,尽量满足众位朋友的需要。

第四节 家庭宴请菜肴的准备

现今社会中,一般在家里聚会就餐的活动在减少,大家多愿意到饭店宴请。这种做法，除了不愿意麻烦这一因素外，似乎还有在外面饭店宴请朋友，主人才有面子的想法。实际在日常生活中，作为亲属、朋友间的聚会，在自己的家中备菜待客就餐，是一件很有意思的事情。这种做法，既可减少费用开支，又可品尝家常便饭，还可以有充分的时间沟通交流感情。

目前，随着社会客观环境的变化，如食品安全问题、停车的问题、喝酒驾车的问题等，特别是随着家庭居住条件的改善，亲朋好友在家里聚餐的现象又逐步回归了。为了适应这种转变，现在社会上已经出现了节假日出租厨师的服务项目。家中聚餐时，可以请饭店的厨师前来烹制菜肴。

在家中宴请客人时，对席面上菜肴的准备工作也是很复杂的。

认真做好菜肴的备菜准备工作

在家中宴请的客人，一般来说多为自己的亲属或十分熟悉的朋友。但是为了表示对客人的尊重，也必须准备出色、香、味俱佳的菜肴，所以在备料环节上必须认真地做好准备。清朝袁枚在《随园食单》里写道："凡人请客，相约于三日之前，自有工夫平章百味。"袁枚这句话强调了主人应提前三天，就要做好请客时菜肴、主食的备料准备工作。

由于家中聚会就餐的客人都是相互很熟悉的朋友，所以在一般情况下，不必准备价格昂贵的高档菜肴原材料，如鲍鱼、海参、龙虾等。《朱子治家格言》里说道："饮食约而精，园蔬愈珍馐。"家中就餐，除了特殊情况，如自己得到较稀奇的食物，邀请朋友前来品尝外，聚餐席面上的菜肴主要应以应季蔬菜为主。

对蔬菜的选择，也应按照“**不时，不食**”的原则选购。蔬菜的营养价值与其价格是不成正比的。应季蔬菜是自然生长的，价格相对便宜；反季节蔬菜多为温室栽种，成本较高，所以价格昂贵。其实应季菜蔬的营养比反季节蔬菜更丰富。以北京为例，过去北京地区的冬季多食用大白菜，现在反季节食品多了，大白菜吃得少了，其实大白菜是粗纤维的蔬菜，可以起到润肠、排毒的作用。大白菜中含有丰富的维生素C、维生素E，多吃白菜，可以起到很好的护肤和养颜作用。只要烹饪得法，大白菜可以做出许多种可口的菜肴。千万不要因为大白菜的价格相对便宜，怕朋友说自己吝啬，去买价格较贵的反季节蔬菜。

选择蔬菜最好购买当地出产的蔬菜。**一方水土养一方人**。“**在南为橘，在北为枳**”的典故大家都知道，这句成语说的就是水土与人的关系。一个人在其成长的过程中，十分适应当地的气候、当地的水土，所以食用当地的菜蔬是最适宜的。

想彻底避免食用“**不时**”的食物是不太容易的，只是在选择食物时，应该尽量地、有意识地少选购反季节食品，多选择一些应季的食品。

菜肴保持自家风味

每家都有自己家中烹制菜肴的特色，有其独特的风味。客人来访时，主人家应该尽量保持自己家中的烹饪特色。因为用自家烹饪方式烹制出来的菜肴，由于味道的不同，会给客人一种新鲜感。清朝美食家袁枚在《随园食单》里就说道，“**各用所长之菜，转觉人口新鲜，不失邯郸故步**”，但如果“**忘**

其本分，而要格外讨好”客人，有意识地迎合客人的口味，“反致依样葫芦，有名无实，画虎不成反类犬矣”。由此可见，家庭聚会席面上的菜肴，都应以自家风味为准。千万不要按照菜谱，照猫画虎地去烹制自己不熟悉的菜肴，以至于最后真的成了邯郸学步，烹炒出的菜肴既无菜谱中所说的味道，自己家庭中的特色也没有了。

佐餐食物调料家常化

由于家中宴请的都是自己熟悉的亲友，所以席面上的菜肴都应该是家常菜。并且，由于主、客相互熟悉，席面上还可以摆上一些朋友们爱吃的日常佐餐食物，如小虾酱、葱蘸酱、腊八蒜、糖蒜、酱豆腐等，以供朋友调剂口味。

中国自古以来十分重视饮食中的调料，如醋、酱等以及佐餐的食物。《周礼·膳夫》记载：“凡王之馈，食用六谷，膳用六牲，饮用六清，馐用百二十品，珍用八物，酱用百有二十瓮。”古时酱的种类很多。如《礼记·内则》所言，“腶修蚳醢，脯羮兔醢，麋肤鱼醢”，即吃腶修要配蚳醢，吃脯羮要配兔醢，吃麋肤要配鱼醢。孔子就曾经说：“不得其酱，不食。”“献孰食者操酱齐。”意思就是说，佐餐的调料酱如果不对的话，就不吃了。上熟食的时候，一定要把相应的酱一起献上。

当然，所有这些佐餐的食物，必须进行精细加工。如食用生葱时所蘸的酱应配以香料调制，生葱应该洗净，去除葱叶，只将葱白切成适合客人使用的长度摆在桌上；葱、酱都应该摆放到比较精美的餐具中。再如清口的糖蒜，应将整头的糖蒜分开瓣，去掉外面的老皮，然后一瓣一瓣地摆在盘子里，再送到餐桌上。

邀请者应将这些调料、佐餐食品直接摆到餐桌上，供客人食用，以免客人需要时，不好意思向主人讨要。因为中国传统文化中，如果在进餐过程中向主人讨要调料是一种不礼貌的做法。《礼记》中说道："毋絮羹。"意思就是不要自己向汤里加调料，因为这样做会被主人误认为客人嫌菜肴烹制得不够味。如果客人向主人讨要调料，主人一定要向客人道歉，"客絮羹，主人辞不能亨"。

尊重饮食习俗

在家中宴请亲朋好友，也必须尊重客人的饮食习俗。对有宗教信仰、饮食有一定讲究的客人，如有清真食俗的客人，主人必须提前将家中的餐具清洗一遍，并且还应提前告知这些客人，让他们放心使用。现代社会中，有一些人虽然自己坚持民族的、宗教的食俗，但作为老朋友，一般不会反对同桌其他朋友食用自己不食用的菜肴。在这种情况下，主人也必须在征得该朋友的同意下，桌面菜肴中的个别菜可以出现该朋友禁忌的食物。但是必须注意的是：一是必须先烹制民族的、宗教的食俗菜肴，最后烹制其他菜肴；二是席面上的菜肴应注意摆放的位置，将客人忌讳的菜肴，尽量摆放在离客人最远的位置。

菜肴适量

家中亲朋好友聚会用餐，席面上的菜肴应适量，避免菜肴过量，最后剩得过多，造成浪费。家庭中就餐，有时餐饮时间会拖得较长，为了防止席面上菜量出现不足的问题，主人家中应提前做好准备。或提前备好菜肴原料，在发现菜肴不足时，马上烹炒；或准备一些熟食、罐头，随时可以端到餐桌上来。袁枚的《随园食单》里就写道，家中“必须预备一种急就章之菜，如炒鸡片，炒肉丝，炒虾米豆腐及糟鱼、茶腿之类，反能因速而见巧者”。

上菜的顺序

北方饭庄、餐馆里上菜的顺序一般为先凉菜，后热菜，然后上汤；汤后便是面点、主食；最后是果盘。在家庭中聚会宴客基本上也应该按照这种程序。凉菜可以在客人上餐桌前摆好，客人落座后即可进餐。热菜可以按照袁枚的《随园食单》所说“盐者宜先，淡者宜后；浓者宜先，薄者宜后；无汤者宜先，有汤者宜后”的顺序上菜。当然，这种上菜的顺序也不是一成不变的。现在有些饭店上菜的顺序就与袁枚所说的正好相反，先上淡菜，后上味重的菜。菜肴上齐以后，由于客人中有善饮酒的，有不善饮酒的，所以主食可根据客人的需求，随时添加。

其他需注意的问题

总体来讲，家中聚会宴请的一些饮食礼节与在饭店宴请客人时的礼节基本相同。如无鱼不成席，菜肴数量必须是双数，席面上应有醒酒、化食的酸辣汤，等等。这些基本的饮食礼节在家中宴请时也必须遵守，不可疏忽、失礼。

第七章 席面餐具与使用

中国餐具多种多样，美食必须美器；
餐具使用规矩规范，注重礼节卫生。

第一节 美食不如美器

中国餐饮餐具多种多样

从古到今，中国人使用的餐饮餐具多种多样。制造餐具的原材料也是多方取材。主要的餐具有陶器、青铜器、瓷器、漆器、木器、金银器、玻璃器、玉器等。其制作之精良、形态之精美，举世无双。

中国有句俗语，叫作“美食不如美器”。这句话表明了中国人对席面上使用的餐具是十分讲究的。这种理念是有传统的，应该讲已经延续了数千年。出土文物可以证实这一点。中国人在饮食的实践中，除逐步创建了中国式的烹饪技术外，还在重视餐具实用性的前提下，逐步树立了重视餐具美观的理念。

中国一些餐具的流行使用与祭祀礼器的发明有着直接的关系，一些餐具实际上就是礼器，如鼎、豆等。所以即使是普通的餐具，从发明之初，我们的先人也十分重视其外形的美观。

在浙江杭州新石器时代良渚文化遗址中，出土了许多陶制的餐饮餐具。如三脚鼎，高矮不一的“豆”，各样式的杯子，

◎ 屈家岭文化遗址中出土的红陶杯

◎ 良渚文化遗址中出土的灰陶鼎

大小不一的饭碗和盘子、勺子，等等。按照专家的考证，较大的三角鼎是煮制食物的，较小的鼎、豆在当时就是盛放食物、供人餐饮的器具，杯子是供人喝水的器具，碗和勺子是供人进餐的器具。在这些陶制的餐具上，我们的先人认真地刻上了精美的纹饰。有的勺子还是用玉石雕琢的，上面也有很精细的花纹。新石器时代的人类，生产条件、制作技术都还是很落后的，但我们的先人却费很大的功夫，制作出如此精美的饮食器具，这就足以证明，中国自人类文明诞生之后，就对饮食器具的美观十分重视。

进入青铜器时代，我们的先人对饮食的器具更加重视，并追求庄重华美。“钟鸣鼎食”说的就是当时贵族在就餐时，耳听击钟奏乐之声，眼前摆着盛放着美食的青铜鼎。从现在出土的许多夏、商、周时期的青铜器具看，大量的青铜器都是在进餐时使用的器具，如鼎、簋、觚、爵等。这些器物造型之美、制作工艺之精，令今人赞叹不已。

随着时代的发展，中国人追求饮食器具的完美越来越盛。唐朝时应该说达到了极致。这从当时留下的一些诗词中可以看出来。如李白的《行路难》中有“**金樽清酒斗十千，玉盘珍羞直万钱**”，杜甫的《丽人行》中有“**紫驼之峰出翠釜，水精之盘行素鳞。犀箸厌饫久未下，鸾刀缕切空纷纶**”，王翰的《凉州词》有“**葡萄美酒夜光杯，欲饮琵琶马上催**”等，其中金樽、玉盘、水精之盘、犀箸、夜光杯，等等，都是供当时的皇室成员和社会上层人物使用的，用水晶、白玉、墨玉作为原材料，制作出来的价值连城的盘子、筷子和酒杯等餐具。

当中国的瓷器烧制日臻完美后，中国人使用的饮食器具逐渐都变为了瓷器。历史上，无论官窑还是民窑，对

◎ 固始县出土的春秋时的龙纹铜方豆

◎ 商代的青铜酒壶

饮食器皿的烧制都下了很大功夫。皇宫中的饮食器皿，历朝历代都由官窑来烧制。官窑烧制出的瓷器极其讲究，无论釉质、胎体，还是图案都体现了当时的最高水平。从传世的乾隆款、光绪款的“万寿无疆”瓷盘即可看出官窑烧制的瓷器，其工艺之精已达到了极高的水平，每一件饮食器皿都成了瓷器中的极品。

◎ 商代的青铜爵

◎ 东晋时期的越窑羽觞杯

除了皇室之外，旧时一些上层社会人物也都有自己家中特色的餐饮用具。如2006年在重新修建北京恭亲王府时，出土的一个青花粉彩高足长方盘的残片，残片上有“乐道堂主人制”的款。“乐道堂主人”是恭亲王奕䜣的号。奕䜣是清道光帝第六子，咸丰皇帝同父异母的兄弟。“乐道堂”原是恭王府中一座厅堂的名字，道光皇帝曾赐予奕䜣“乐道堂”的匾额一方，奕䜣因此自号“乐道堂主人”。长方盘上题有“乐道堂主人制”的款，说明当时恭亲王府中有自己定制的统一餐具。在山东曲阜的孔府中，至今保存着清朝乾隆皇帝赐予孔府的、专为举行高级筵宴的全席银餐具，一套总数为四百零四件。

在现代社会中，由于科学技术的发展，瓷器的制作更上了一个新的台阶。其中，日常用瓷、餐饮瓷器的制高点应该是为毛泽东和当时国家领导人烧制的所谓“毛瓷”了。这些瓷器都是由湖南省醴陵艺术瓷厂、江西景德镇陶瓷研究所等单位，专门研制、烧制的绘有“梅花”“水点桃花”等图案的日常生活中的专用瓷器。

◎ 唐代的三彩杯盘

改革开放以来，现代化的科学技术突飞猛进。目前，席面上使用的饮食器皿多为机制胎体、仪器控温、高温烧制的瓷器。这些瓷器的胎体较薄，周边薄厚均匀，釉面较光洁，应该说都是比较不错的瓷器。

餐具的颜色

在餐具的发展历史中，无论是陶器时代、青铜器时代，还是瓷器时代，席面上餐具的“美”，既美在自身的质、形、色上，还美在自身搭配和餐桌其他物品的协调上。

客人到饭店就餐，饭店中的餐具颜色是统一的，客人自己无法决定，只能是上什么用什么。但在家庭中，主人可以按照自己的喜好，选择餐具的颜色、图案。一个家庭中餐具的颜色、图案，可以充分体现出主人的审美观点和文化品位。

一般来讲，席面的餐具应选用釉下彩瓷器。釉下彩瓷器上的图案是在瓷器的坯体上直接描画的，图案上刷釉料，入窑后在高温下烧制。这种瓷器的制作方法最适合做餐具。因为釉下彩瓷器的优点是图案在釉的下面，耐磨损、不褪色，特别重要的是用这种方法制成的餐具无铅无毒。像社会上流行的青花瓷就属于釉下彩的瓷器。

一个家庭使用的餐具，应该和这个家庭中的整体装修布局相适应。一般来讲，家庭中的餐具颜色应以素淡为主。可以选用青花的瓷器，也可以选择上面绘有一点花卉图案的象牙白色的瓷器，或有暗花纹的纯白瓷器。按照一些专家研究的结果，餐具的颜色与进餐者的食欲是有一定关系的。大红、大紫等深色的餐具会给人一种压抑感；餐具上绘制的图案，过于繁缛会使人产生紧张感，缺乏快乐感：这些颜色、图案的餐具会影响就餐者的食欲。再有一点，中国的菜肴十分讲究“色”。颜色很深、图案繁缛的餐具会影响菜肴“色”的表现。所以，一套颜色较好、图案适宜的餐具，既可以提高进餐者的食欲，又可以使客人在享受美味的同时，享受中国瓷器的高雅品位。

餐具的和谐搭配

在数千年的中国历史中，餐具形状的变化不大，特别是主体餐具，如盘、碟、碗等，多为代代相传的式样。良渚文化遗址中出土的盘子、杯子几千年来没有任何变化。一个席面上的餐具应该是统一的，不应出现两种不同样式、颜色的餐具。饭店中如果出现这种情况，就是对客人的不尊重。家庭中，在经济条件允许的情况下，应单独准备一套宴请客人使用的餐具。如受条件所限，没有整套的席面餐具，餐桌上出现了不相配套的餐具时，主人在进餐过程中，可选择合适的时机向客人表示歉意。

席面上除了主要的餐具以外，一些辅助餐具也应与主餐具相配套，特别是家庭中的餐具更应注意这一点。在购置餐具时，同样式、同颜色的辅助餐具可以配置一些。这样在宴请朋友时，在上一些佐餐小菜时，可以使用较小的碟子或碗。如一个小巧精致的碟子上放上一块酱红色的酱豆腐，一个精美的小碗里盛上几瓣白如玉石的糖蒜，这些餐具摆到桌上时，也是一种“美”的体现。清朝学者袁枚在《随园食单》中就说过，席面上的餐具“惟是宜碗者碗，宜盘者盘，宜大者大，宜小者小，参错其间，方觉生色”。

桌布与餐具

在饭店聚会宴请时，餐桌上的桌布虽不算餐具之一，但是，由于餐具均摆放在餐桌之上，所以餐桌布的好与差直接影响到餐具的效果，故餐桌布也应作为“美器”的组成部分。

一般来讲，餐桌布的质地、颜色直接体现出了饭店档次的高低。餐桌布的选材应使用质地比较厚实、垂感较强的布料。餐桌布在桌外下垂部分的底部应距地面二十公分为宜。较高了使人感觉不上档次，较低了会影响客人就座。高档的饭店，应该将餐桌布分为餐桌布和桌围两部分。餐桌布的颜色一般应为一色，应以素淡为上，切忌使用带有较多图案的桌布。餐桌布与桌围的颜色应有明显的区别。桌布的颜色应比桌围淡一些，桌围的颜色应深一些，这样的搭配显得庄重。

餐桌布的颜色应与餐具相匹配，二者的颜色应有一定的反差。如象牙白色的餐布，最好使用传统的青花餐具相配，显得十分尊贵。

第二节 餐具的主要种类

席面上使用的餐具应包括所有用于进餐的器皿和用具。一般来讲，聚餐宴会、家中日常进餐时，主要使用的餐具有盘、碗、碟、勺、杯、筷等。

盘子

盘子是用来盛放烹制好的菜肴的器皿。一般盘子的尺寸多为六寸盘、八寸盘，也就是直径六市寸（一市寸等于一市尺的十分之一。通称寸）、八市寸的盘子。一个席面上使用多大尺寸的盘子，应取决于就餐人数的多少和菜肴品种的多少。人少可以用小盘，人多可以使用大盘。人多但菜肴品种多，也可用小盘；人虽不算太多，但菜肴品种少，也可以使用大盘，以增加单一的菜量。

在中国古时，盛放菜肴的器具很多，有鼎、簋、豆等。但使用最多的应该是“豆”。“豆”在新石器时代就已经出现了。“豆”最早是作为礼器，在祭祀时摆放供品使用。后演变成了席面上盛放菜肴的餐具，并在生活中大量使用。目前在新石器时代人类遗址的发掘中，出土了许多陶器“豆”。

“豆”的形状如同一个安上了高脚的盘子。上面是一个圆形盘子，盘下有一个约二十厘米高的粗壮支柱，支柱的下部有圈足，便于摆放。“豆”的盘子有深有浅，边沿一般有二三厘米高。有的“豆”的盘子两侧还有附耳，便于端放。到了商周时期，随着生产力的发展，贵族们开始使用青铜制成的“豆”。这种“青铜豆”中，有些还有盖。这种放在“青铜豆”上的盖，在进餐时，可以仰放着作为盘子使用。

◎ 战国时期的青铜方豆

之所以古时的盘子使用高脚的，这与当时席地而坐进餐的习俗有着直接的关系。古人进餐时，菜肴放到“筵席”前的矮几上，人跪着进食。盛放菜肴的餐具必须要用高脚的，这样才能方便进食。

唐宋时期，高腿的桌子出现后，古人在进餐时开始使用高腿的椅子，桌子加高，高脚的盘子不方便进餐，所以作为高脚盘子的“豆”也就改为无脚的平盘了。现在类似于“豆”的餐具还存在，但作用已经变为盛放水果、摆放在茶几上的果盘了。

席面上的盘子按照盛放菜肴的功能，大致可分为平盘、汤盘、鱼盘，等等。平盘较浅，盛放炸制食品和菜汤较少的菜肴，如干炸丸子、宫保鸡丁，等等。汤盘较深，盛放菜汤较多的菜

◎ 唐代的三彩盘

肴，如醋溜三白、烩三鲜，等等。鱼盘为椭圆形，专门盛放整条鱼烹制的菜肴。

在杭州良渚文化遗址中，曾出土过一个较大的盘子。从盘子的大小、形状看，很像现代社会的鱼盘。良渚地处南方水乡，先民们结绳为网捕捞鱼类。日常生活中，食用鱼类用以充饥度日。出土的这种长度将近二市尺的椭圆形大盘子，完全能够盛放下整条的鱼。估计这个盘子当时应该是祭祀时盛放整条鱼的礼器。

◎ 良渚文化遗址中出土的鱼盘

席面上使用的盘子一般都是圆形、椭圆形的，但同时也有其他形状的，如三角形的、方形的、长方形的。特别是盛放凉菜的盘子，形状更加多样。如有的饭店中，有专门盛放凉菜的套盘。一套数个，其中一个主盘，数个附盘。这些盘子可以拼凑成为一个大的圆形或花朵形。这种套盘虽然造型很美，但是目前饭店中的桌子较大，菜多放在玻璃转盘上。这种套盘如果放在转盘中间，不方便客人夹取菜肴；放到边上，既显示不出餐具的美，还使转盘失去了平衡。

◎ 良渚文化遗址中出土的白陶碗

碗

中国的碗最迟在新石器时代就已经出现了。在浙江的良渚文化中，就出土过当时我们先人使用的陶碗。这些陶碗距今已经有六千年左右了。这些陶碗从外形上看，与现在的碗没有什么差别，估计其作用也没有什么变化，也应该是盛放米饭或其他食品的餐具。

◎ 新郑裴李岗文化遗址中出土的红陶圈足碗

一般来讲，席面上供进餐者使用的碗主要分为两种。一种是较小的碗，主要是用于喝汤，称之为汤碗；一种是较大的碗，主要用于吃主食，称为饭碗。在摆放席面餐具时，一般只摆上汤碗，供进餐者使用；饭碗则是在进食主食时，在碗中盛好米饭后再端到席面上来。在一些中低档的饭店中，有时汤碗也用于吃主食。

家庭中一般也应该准备大小两种碗。日常生活中，不同大小的碗，其性能划分得不是十分清楚，但在宴请客人时，大、小碗的不同作用还是应该区分开来。

民间还有一种较大的碗，俗称海碗。海碗一般多为低温烧制的粗瓷碗。由于海碗的碗口较大，相对较浅，适合搅拌，所以北京地区的居民，多用海碗来吃炸酱面。由于海碗的容量较大，适合食用汤较多的食物，所以西北地区多用海碗来吃羊肉泡馍。

碟子

碟子实际就是一种较浅的小盘子。由于较小,作用与盘子又不同,所以在餐具中称之为碟子。

席面上使用的碟子多作为布碟,摆放在每位就餐者的前面。布碟之所以称为“布碟”,主要是中国餐饮中,为了表示对客人的尊重,主人经常会为客人夹菜,这种行为称为“布菜”。主人夹的菜一般都先放到客人的碟子里,所以这种碟子被称为“布碟”。布碟也用于就餐者自己存放从席面公用菜肴盘子中取来的菜肴,以便慢慢享用。在家庭中聚会就餐时,也应摆放布碟。有时因餐桌较小,可以将汤碗代替布碟来用。

日常家庭就餐时,对一些量较小的佐餐食品,如酱豆腐、辣椒糊、泡菜、咸菜等也可使用布碟盛放。

旧时中国席面上的餐具中没有筷子架,所以在餐具摆放时,也可以将筷子放到布碟上。在就餐的过程中,就餐者暂时不使用筷子时,也可将筷子放到布碟上。

勺

◎ 良渚文化遗址中出土的骨勺

中国人使用勺子的历史很悠久。至迟在新石器时代勺子就已经存在了,并且当时的勺子与现在的勺子外形没有太大的区别。其作用与现在勺子的作用也应该是大同小异,没有太大的差别。浙江良渚文化遗址中,就出土了用玉石制作的勺子。勺子在旧时是专门用于吃粒状粮食做成的熟食和喝羹的。《礼记》写道："饭黍毋以箸。"意思是食用黄米做成的饭，不应使用筷子，应该使用勺子进食。

勺子在古时曾被称为"匕"，至迟在东汉时期还被称为匕。《三国演义》有一段曹操和刘备"青梅煮酒论英雄"的故事。当刘备听曹操说"今天下英雄，惟使君与操耳"后，吓得将手中的筷子和勺子掉在了地上。这段故事在《三国志·蜀志·先主传》中提到过："是时曹公从容谓先主曰：'今天下英雄，惟使君与操耳。本初之徒，不足数也。'先主方食，失匕箸。"《三国志》为正统史书，记载应该是可信的。这里所说的"匕箸"就是勺子和筷子。

在陕西出土的文物中，有一件青铜勺子，勺头与现在的勺子一样，但是勺把较长，有尖、有刃。据有关专家考证，这是真正的"匕"，时代应为西周时期。这种"匕"在吃饭时，勺子头是餐具，勺子把则是一件武器，可防身。这种"匕"应该是现代匕首的"老祖宗"。

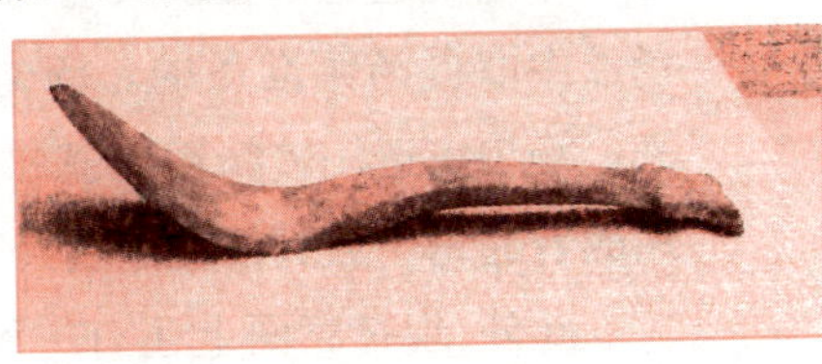

◎ 商代的青铜匕（勺）

一般来讲，中国餐桌上使用的都是瓷勺。席面上每位进餐者的前面都应放有一把勺子，主要是供进餐者喝汤使用的，所以民间也称这种瓷勺为汤匙或汤勺。在餐具摆放时，勺子一般都放到汤碗里。现代社会的席面上安放有筷子架，有的筷子架上有专门搁置勺子的位置，所以也可以将勺子放到筷子架上。

现在的席面上，有的饭店在每位进餐者的前面放置两把勺子。一般情况下，其中一把是瓷的，另一把应该是金属的。

◎ 新郑裴李岗文化遗址中出土的红陶勺

瓷勺一般都放在汤碗里面，金属的勺子多摆放在筷子架上。瓷勺是进餐者用于喝汤的，金属勺子是供进餐者从公用菜肴盘中取菜使用的。这主要是因为瓷勺子的勺壁较厚，在到公用菜肴盘中取菜时较难掌握，所以饭店便为客人多配置一把金属勺子，以方便客人取菜使用。

有的席面上，为了方便进餐者到公用盘中取食菜肴，在每个盛放菜肴的盘子中，也都放有一把公用的勺子。一般来讲，这种放在菜肴盘里的勺子应该是金属勺子，就餐者在使用后应将这把勺子放回到原菜盘中。

席面上还有一种较大的勺子，这种勺子是专为进餐者从汤盆中取食汤菜准备的。汤勺应随着汤菜一起端到席面上来。汤勺应选用较精致的瓷勺或金属勺，切不可将厨房中使用的普通勺子放到汤盆中端到席面上。

此外，现在席面上还有一种较小的勺子。这种勺子是供进餐者食用甜食或搅拌咖啡使用的，应该随着甜食和咖啡同时端上席面。

杯子

现代席面上的杯子样式很多，多数饭店在席面上供顾客使用的杯子是普通的玻璃杯，高档一些的饭店使用的多是用玻璃制造的高脚杯。

一般来说，目前社会上，席面上为客人摆放的杯子主要有三种。

一是高脚的小玻璃杯。这种杯子是喝白酒使用的。杯的容积大约可盛入三钱白酒。现在饭店中、家庭中饮用白酒时多使用这种酒杯。

二是高脚的玻璃酒杯。这种杯子是供客人喝红酒的。杯子的容积为一百克左右。不饮酒的进餐者也可使用这种杯子喝饮料。

三是高脚的大号玻璃杯。这种杯子的容积大约为二百五十克。现在饭店中、家庭中多使用这种杯子喝饮料、啤酒或白水。

根据出土的文物证实,中国在新石器时代就开始使用杯子。在浙江良渚文化遗址中,就出土了许多陶制的杯子。这些陶制的杯子样式很多,有带把的,也有不带把的,外形与现在的杯子没有什么区别。其作用也应该是当时我们的先人盛放液体食物或水的。

在席面上使用的各种杯子当中,酒杯应该是最重要

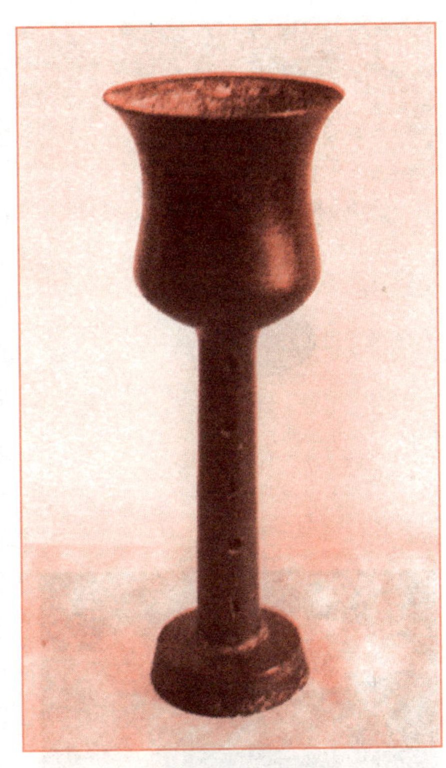

◎ 龙山文化遗址中出土的黑陶高足杯

◎ 良渚文化遗址中出土的把杯

◎ 屈家岭文化遗址中出土的红陶杯

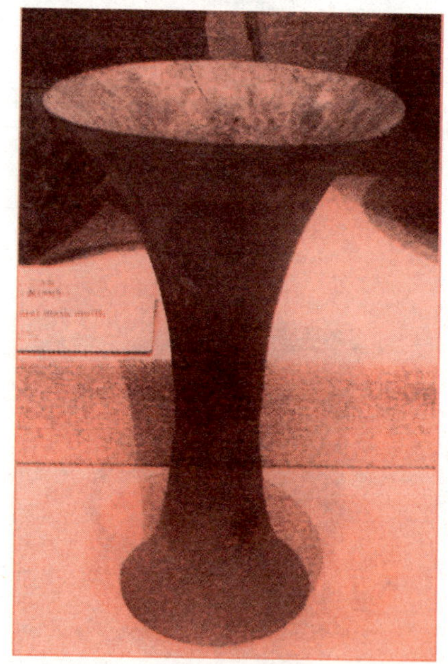

◎ 商代的兽面纹青铜觚

的，是必不可少的。中国是世界上最早发明、饮用酒的国家。由于制造酒需要大量的水果或粮食，所以最早的饮酒主要应该在贵族中流行。自古以来，中国人对盛酒的杯子也是十分的讲究。在史前文化中，我们的先人使用的酒具就十分精美。如在山东章丘出土的蛋壳黑陶高足杯，就是距今五千年左右的龙山文化时的酒具。进入文明社会以后，中国人对酒具更加重视，传统的酒杯样式很多。全国各地出土的夏商周时期的酒具中，有大量用青铜制成的酒杯，如觚、爵等。这些酒具造型独特、精美绝伦。秦汉时期除了使用青铜酒具外，还大量使用漆器酒具。唐宋以后，瓷器餐具盛行，社会上开始大量使用瓷制的酒具。瓷酒具中多为酒盅、酒碗、酒斗等。进入现代社会后，玻璃酒杯在社会上盛行。中国古时，除了金属和陶瓷制成的酒具外，先人们还使用动物的犄角、玉石做成酒杯。

由于古时中国人饮用的酒，是酒精度数较低的米酒，所以我们的先人使用的酒具都比较大。特别是民间，饮酒时多使用酒碗。如《水浒传》第二十三回描述武松在景阳冈上喝酒的场景：“前后共吃了十五碗，绰了哨棒，立起身来道：‘我却又不曾醉！’走出门前来笑道：‘却不说“三碗不过冈”！’手提哨棒便走。”武松喝的酒肯定是黄酒，所以使用酒碗盛酒。在出现了蒸馏酒以后，由于蒸馏酒的酒精度较高，饮酒时多使用小的酒具，这种酒具多为圆形的或方形的。圆形的酒具，外形就是一个很小的碗，民间称为酒盅。方形的酒具，外形多为四方形，民间将这种酒杯称之为酒斗。一般来讲，中国席面上如果喝白酒，使用的多为酒盅。喝度数较低的黄酒使用酒碗或方形的酒杯。

现在社会中的饭店、家庭中，席面上使用的餐具都是中国瓷器，使用的酒杯都是玻璃制成的高脚酒杯。严格讲，这样的酒具与餐具是不配套的，是不符合中国传统习俗

◎ 西周时期的青铜方觚

◎ 唐代永泰公主墓道壁画中，侍女手捧高脚酒杯

的。不过由于这种现象在现今社会已经习以为常，所以大家都已形成了共识，玻璃酒具与瓷器餐具可以作为配套餐具，出现在同一席面上。

有些人认为高脚的酒杯是西方舶来品，应该是近代从西方传到中国的。其实不然，中国古代一直流行着高脚酒杯。根据出土文物，高脚酒杯在新石器时代就已经出现，如前面所提到的山东日照出土的龙山文化时的黑陶蛋壳杯。其造型与现代的高脚玻璃酒杯如出一辙。周作人在《谈酒》中曾说道："正当的喝酒是用一种酒碗，浅而大，底有高足，可以说是古已有之的香槟杯。"

◎ 现代工艺品觚

虽然高脚酒杯在中国出现的时间很早，但是，社会上较流行的多是酒盅、酒斗，高脚酒杯的使用从未间断，但也从未成为酒席上的主要杯具。一直到了现代，高脚玻璃酒杯才成了席面上杯具中的宠儿。

◎ 青花瓷酒壶

作为餐具的重要组成部分，在中餐席面上应该有具有中华民族特色的酒杯。特别是一些高档饭店，更应该自制与本店席面上餐具相匹配的酒杯。如喝白酒可以使用酒盅、高足的酒杯或小酒斗；喝红酒、啤酒，可以将酒杯制成古时“觚”的形状，使之与其他瓷器相配套。目前看来，中国本土已经很少使用传统的酒具了，但是在韩国、日本等国家，继续流行着使用酒盅、酒碗等的习俗。

酒壶

中国早期社会中有一种器具叫执壶，这是一种大肚、带有壶嘴、壶把或提手的瓷壶，其作用是盛放液体。酒壶实际上是专业化的一种执壶，所以现在也称酒壶为“执壶”。酒壶在中国民间也称为“注子”。

◎ 古画中席面四角放置酒壶

酒壶的作用单一，是专业化的执壶。其主体造型与早期社会的执壶造型相比基本没变，都是由壶身、壶嘴、壶把、壶盖组成。只是酒壶的中心向下移动，以保证放在席面上较稳；壶嘴变得细长，呈弧形，这样更便于斟酒；壶身变得细高，更加美观。初期酒壶的制作材料多为金银。后来在社会上广泛流行后，便多为烧制的瓷壶了。

酒壶在旧时是日常生活中最常见的杯具器皿。根据相关资料的记载，酒壶应该出现于隋唐时期，应该是随着酒精度较高的蒸馏酒的出现而出现的。中

◎ 三门峡市出土的战国时期青铜酒勺

国古时饮用的酒都是低度的发酵酒，所以在饮用时，一般都是直接用提子或勺子从酒樽、酒坛或酒篓中取出，倒在酒碗里饮用。随着蒸馏酒的出现，由于酒精度较高，饮酒的酒具也变小了，改为了酒盅。为了方便席面上斟酒，先人们便将酒先注入酒壶中，然后使用酒壶向酒盅中斟酒。

◎ 东汉时期墓室壁画《夫妻宴饮图》。侍女用长勺为主人盛酒

很长一段时间内，执壶作为一种酒具已经从餐桌上消失了。这主要是因为近代社会玻璃被大量使用，酒瓶都改为了玻璃制作，酒被装到了玻璃酒瓶中。这种玻璃瓶装酒可以直接摆到席面上，宴席上饮用白酒时，可以直接从瓶子里很方便地倒在酒杯中。所以，酒壶便逐渐地淡出了席面。近年来，一些中高档饭店的席面上又开始使用酒壶了，但现在的酒壶也多使用玻璃制作而成。其造型实际就是一个杯身上带把的、杯口有个鸟嘴的大肚杯子，所以名称也改成了“分酒器”。席面上使用的这种分酒器可分为大、小两种。小的分酒器在饮用白酒时使用，多放在客人的座位前面，由客人自斟自饮。有的分酒器上还标有刻度，以方便饮酒人掌握自己饮酒量的大小。大的分酒器是在饮用红酒时使用的，一张桌子上摆放一个或两个，大家共同使用。分酒器（执壶）在

◎ 新郑地区出土的春秋时期蟠螭纹铜盏酒器

席面上的再次出现，为席面上相互斟酒提供了方便。

烫酒器

在传统的席面之上，还有一个与饮酒有关的器皿，这就是烫酒器。

古时中国人饮用米酒。在饮酒时，讲究加温后饮用。这个习俗至迟在春秋战国时期便已经很流行了。湖北随州曾侯乙墓中出土的青铜冰鉴，实际就是夏天为酒降温、冬季为酒加温的青铜器皿。

◎ 曾侯乙墓中出土的冰鉴

唐代白居易的《问刘十九》一诗就是对古人饮用温酒的最好写照：“**绿蚁新醅酒，红泥小火炉。晚来天欲雪，能饮一杯无？**”短短二十个字，将自已邀请朋友，温酒畅饮，促膝谈心的渴望表现得淋漓尽致。一些古典小说中，也经常提到饮用温酒。《三国演义》就多次提到饮用温酒的故事。十八路诸侯讨董卓时，汜水关前，关羽出战华雄，曹操端上一杯热酒为关羽壮行。当时关羽将酒放到一边，快马到阵前，手起刀落斩了华雄，回到大营后，酒还是温的。还有一段说的是刘备暂困曹营时，曹操请刘备前去饮酒。两个人在曹府后花园的一个小亭子中“煮酒论英雄”。

中国人喜欢喝温酒。主要是因为在国人的认知中，认为常喝冷酒容易引起手脚颤抖，所以必须喝热过的酒。《红楼梦》就有这样的描述:“这里宝玉又说:‘不必烫暖了,我只爱吃冷的。’薛姨妈道:‘这可使不得,吃了冷酒,写字手打颤儿。’宝钗笑道:‘宝兄弟,亏你每日家杂学旁收的,难道就不知道酒性最热?要热吃下去,发散的就快;要冷吃下去,便凝结在内,以五脏去暖他,岂不受害?从此还不改了呢。快别吃那冷的了。’宝玉听这话有理,便放下冷的,命人烫来方饮。”饮用冷酒是否容易引起手足颤抖似乎没有定论,但是饮用热酒还是有一定道理的。酒中含有乙醇、乙醛等物质,多饮这些物质对人身体无益。由于乙醇、乙醛的沸点较低,所以把酒加热后,这些物质便会挥发掉一些。于是热酒中的有害成分便相对减少,酒精浓度下降,因此喝热酒不易醉人,对人的身体有一定的益处。特别是热酒过程中,由于酒中的物质挥发,满屋酒香,为大家畅饮创造了一个适宜的环境。因此烫酒器是席面上一种不可缺少的酒具。

◎ 锡制温酒器

在蒸馏酒进入社会后,中国人饮用温酒的习俗依然延续下来,仍然喜欢将酒烫热后饮用。《红楼梦》第三十八回记述林黛玉吃了螃蟹后,想喝一点酒,“便斟了半盏,看时,却是黄酒,因说道:‘我吃了一点子螃蟹,觉得心口微微的疼,须得热热的吃口烧酒。’宝玉忙接道:‘有烧酒。’便令将那合欢花浸的酒烫一壶来。”在较长的一段时间内,这种饮用烫热白酒的做法已经很少见了。近几年,随着人民生活水平的提高,大家有更多的时间来品味人生,饮用烫热白酒的做法又在逐渐地恢复。特别是在家庭中宴请亲朋好友时,烫酒的过程也就成为一个很好的情感沟通的话题。

烫酒器多使用锡、铜等材料制成,后多使用瓷制的。烫酒器由一个酒壶和一个盛放热水的器皿组成。席面上饮用黄酒时,由于烫酒器的酒壶容量较小,所以席面上应一人配置一个烫酒器;如席面上饮用白酒,可以数人同用一个烫酒器。

◎ 青瓷温酒器

异形餐具

现代社会中,一些饭店为了突出自身的特色,标新立异,在席面餐具上大做文章,购买或特制一些异型的、有特色的餐具。如荷叶盘子、菱形盘子、几何形的盘子、莲花形的饭碗、90度弯勺把的勺子、杯口为坡面的杯子,等等。有些饭店还使用完全透明的玻璃盘、碗。更有一些饭店使用具有日本、韩国食用器皿造型特点的餐具。这种现象的出现,到底是对还是错,可留给社会上的专家、大众去评价。但是有一点必须承认,异形餐具的出现与使用,既不符合中国传统的审美观念,与中国菜肴也不相匹配,同时也不宜摆放在餐桌上,并且还增加了洗涤的难度和存放的空间。所以,家庭中尽量不要使用这种异形的、具有异国情调的餐具。这绝非守旧观念,我们还是应该尽量多地留下一些老祖宗传给我们的具有中国特色的物件吧。

其他

席面上餐具五花八门，除了上述的这些饮食器皿外，还有很多。

汤盆。汤盆是席面之上专门用于盛汤的器皿。

煲。煲多为南方地区使用，这些年来也在北方地区流行。煲多为陶制，是一种类似于盆，但其壁较直、较高的器皿，主要用于煲汤。

汽锅。这是一种陶制的，可以在加热后，利用热气对食物加热的器皿。

火锅。火锅是北方地区最为常见的一种饮食器具。火锅多为铜制，多用于炖、涮食物。

此外，还有调料壶、小调料盘，等等。

第三节 餐具的摆放与使用

餐具摆放应一致

中国席面上餐具的摆放是有一定规矩的。《礼记·曲礼》中曾说过：“*食居人之左，羹居人之右*。”意思就是，盛放汤的器皿应该放到右手处，盛放菜肴等食物的器皿应该放到左手处。随着时代的发展，餐饮器皿有所变化，菜肴的种类有所变化，所以餐具的摆放也是有所变化的。现在饭店的餐具摆放大多数都是在座位的桌面上摆放布碟，高档一些的饭店，布碟下面还有一个较大的接碟；布碟的前面摆放着各种杯子；右手处摆放筷子、勺子；左手处摆放面巾，面巾前边多放置汤碗，碗中放有汤勺。这种摆放方式中的汤碗与古时汤碗的摆放位置就正好相反。各个饭店的席面餐具摆放可以不要求一致，但是摆放餐具的最基本要求应该遵循，那就是席面上的餐具必须摆放整齐，摆放的形式必须一致。

餐具必须完整，忌用有残餐具

餐具在长时间的使用过程中，避免不了会出现磕边碰瓷的现象。对这样的餐具应及时更换，不能再使用了。

在中国传统文化中，使用磕边碰瓷的餐具是犯忌讳的。因为只有穷困潦倒的乞食者才使用破碗乞讨、进餐。按照民间的习俗讲，如果使用破碗进餐，会影响到使用者的发展前程；特别是未成年的孩子，更不能使用破碗进餐，否则对孩子一生的发展都是不利的。

在宴请聚会时，让客人使用残破的餐具进餐，应该说是对客人的极不尊重。特别是饭店中，绝对不应该出现这种情况。现代饭店中多使用机器刷洗盘碗，这样就很容易造成餐具的磕边碰瓷。一个管理较好，注意自身形象的饭店，应该及时将残破的餐具挑出来，处理掉，不能让客人使用。不过在现实中，不给客人使用残破餐具的习俗并没有很好地得到传承。有的饭店还将残破的餐具继续让客人使用。家庭在聚会宴请亲朋好友时，无论遇到何种特殊情况，也应严禁让客人使用残破的餐具就餐。即使客人来得较多，自己家中完好的餐具不够使用时，主人可以向客人说明情况，并表示歉意后，先尽着客人使用。自己家人可以在客人就餐后，将餐具洗刷后再使用。即使家中日常用餐，也不应该使用残破的餐具。所以，家中的餐具如破损了，应及时处理、更换。

为了保证客人到家中做客时有足够多的完整餐具使用，每个家庭除了日常使用的餐具外，应准备一套较好的餐具，专门在家中来客人时使用。如果家中没有特备的餐具，那么在家中宴请客人前，主人必须提前准备好充足的、完整的餐具。

布碟的使用

布碟的主要作用有两个：一个是用来暂时存放从公用菜盘里取来供自己享用的菜肴，一个是存放他人为自己布的菜肴。

在席面上使用布碟时，应注意不要一次存放过多的菜肴。因为布碟中存放的菜肴过多，既让人看起来很杂乱，不体面，而且将各种菜肴同时放在一起，彼此的味道会搅和到一起，从品尝美食的角度讲也不好。席面之上，在为他人布菜时，一定要先看看对方的布碟，只有在对方布碟中菜较少的情况下，才能为他人布菜。

在进餐过程中，一般不要将菜肴中的骨、刺等残物放到布碟里。要注意保持布碟的卫生，否则当他人为你布菜时，脏乱的布碟会使自己感到很尴尬。如果席面上有带骨、带刺的菜肴，餐桌上应摆放上专门存放骨、刺等残物的器皿。

一些高档饭店在客人进餐过程中会经常为客人更换布

碟，这是一个饭店服务较优秀的体现。但需要指出的是，现在有些饭店的服务人员在为客人更换布碟时，无论布碟中的菜肴多少，都与布碟同时撤掉，这种做法实际上是一种十分浪费的现象。所以服务员在为客人更换布碟时，一定要征求客人的意见，不要随意将布碟中的菜肴浪费掉。

吸烟的客人在进餐过程中，不要将布碟当作烟灰缸。如果确需吸烟时，席面上没有准备烟灰缸，可以向服务员或主人讨要。

碗的使用

饭碗主要是用于进餐主食的。如何使用饭碗似乎大家都知道，但在使用饭碗吃主食时，有一点应该特别注意的是，持碗人要做到“碗追人，不能人追碗”。这就是说，在吃米饭或喝粥时，不能一手执筷，一手垂在桌下，俯身将嘴放到碗边进餐。正确的做法是一手执筷，另一只手将饭碗端起来，身体微微前倾，将饭碗放到嘴边进食。在中国传统文化中，对“人追碗”的现象是很不认可的。因为，一个人吃饭时总是“人追碗”，会影响这个人的前程。他人看到这种现象，也会评价说：“这个人缺乏良好的家教。”

在席面上进餐主食时，大家都会主动地为他人服务，如将盛好米饭的饭碗递给他人。但这里也有必须注意的问题，那就是在将饭碗递给他人时，必须要用双手将饭碗递过去。如果饭碗较小，为了方便他人接过饭碗，自己可以一手实拿，一手虚拿。在将饭碗递给他人时，还要注意不要将手碰到饭碗的边沿，特别是不要用手直接拿着饭碗的边沿，因为这样做是很不卫生的。

勺子的使用

席面上一般为每位进餐者提供两把勺子,一把金属勺子、一把瓷勺子。瓷勺子多放在汤碗里,金属勺子多摆在筷子架上。瓷勺子是为进餐者喝汤准备的,金属勺子是为进餐者到公用盘中取菜准备的。如果席面上每位进餐者只摆放一把瓷勺,那么这种瓷勺不是为客人提供的到公用盘中取菜的餐具。这实际上就是一把汤勺,是为进餐者喝汤准备的。这把汤勺在没有喝汤之前,也就是说在客人还没有使用这把汤勺前,也可以用来到公用盘中取菜;在使用汤勺喝汤以后,就不应该再使用它到公用盘中取食菜肴了。

用勺子到公用盘中取菜时,应将勺子从菜肴盘子靠近自己一边的侧面插进去,轻轻地向里推进,将菜取出来。勺子不能从靠近自己的盘子边反方向插入,将勺子向前推进将菜取出;也不能将勺子从菜肴盘子的中间插入,向下使劲将菜肴取出。取出菜肴之后,还有一点需要特别注意的,那就是无论你使用勺子从公用盘中取出的菜肴是自己食用,还是为其他客人布菜,在将菜肴放到布碟时,必须将勺子向里侧,也就是向着自己的方向倾斜,将菜肴放到自己或客人的布碟中。绝对不应该将勺子向外倾斜,将勺子中的菜肴倒出。在为自己或为客人盛汤时,使用的汤勺也必须按照上述的方法做。日常在家中除了在公用盘中取菜肴、盛汤以外,包括盛稀饭,都必须按照这种方法做。如果有时因为自己站的角度问题,难以完成上述的做法,那么自己可以先将勺子放下,换一只手或换一个角度后再做这件事情。

这种使用勺子的方法是中国传统的席面礼节中很重要的

一点。无论在宴席上，还是在家中日常就餐都必须遵循。究其原因，主要是在旧时，在给前来乞讨的乞丐盛饭时，勺子都是向外倾斜翻转将食物倒出。所以，如果在宴席上、在家庭中，勺子向外倾斜翻转将食物倒出，等于将对方或自己当作乞丐来对待。

当然这种做法在现在人权平等的年代也应有所改变。假如真有乞讨之人来到你家，在你给对方食物时，其实也应将勺子向内翻转，因为对方虽遇一时之困，但其人格与你是平等的。勺子向内、向外翻转，事虽不大，但能体现你的素质和待人的平等之心。

用勺子到公用餐盘中取菜肴时，只要勺子将菜肴取上后，无论何种原因，必须将勺子里的菜肴放在自己布碟中，决不能再把菜肴倒回公用盘中。

席面之上无论使用公用勺子还是使用自己的汤勺，取回的菜肴绝对不能直接放到自己的口中，应先放到布碟中，用筷子夹取慢慢食用。

在使用筷子从公用盘中取食菜肴时，如遇有多汁的菜肴，可以一手持筷、一手持勺，用勺子接住滴下的菜汁。需要注意的是，除了取多汁菜肴时，一手执筷、一手拿勺，其他的时候不应该两手又持筷又拿勺。《朱子童蒙须知》中说得十分清楚："凡饮食举匙，必置箸；举箸，必置匙。食已，则置匙、箸于案。"

用汤勺喝汤时，如果汤很热，不应该为了降温，用嘴对着勺子吹里边的汤，也不要用勺子翻搅碗中的汤，可以先将热汤放到一旁，等汤自然凉了以后再喝。

杯子的使用

杯子是用于喝酒、喝饮料的。如自己不喝酒或不喝饮料，应将相应的杯子让服务员收回，这样做既可以减少席面餐具过多，避免进餐过程中损坏，同时也避免他人看到杯子是空的，将酒或饮料倒进去，造成浪费。

进餐过程中，要注意各种杯子的正确使用。不要用最大的高脚杯喝白酒，以免给其他人造成贪杯的印象；不要向喝过饮料的杯子里倒入酒或白水，否则杯中的液体会很浑浊，给人一种很不卫生的感觉。如果杯子较少，可以将杯子用清水洗涮后再使用；相互敬酒碰杯时，动作一定要轻，不要损坏杯子；席面上，除了饮用酒和饮料时，杯子都应该放到桌面上，不要把玩。

第四节 筷子

筷子是中国人餐饮中最主要的餐具

筷子是一种最普通的餐具，也是一种最有中国特色的餐具。这种用于进食的餐具很普通，普通到了大家都不注意它；

但它又是一种最重要的进餐用具,吃饭时缺它不可。筷子是中华民族的先民们发明的,最具中国特色。同时,这种餐具还影响了世界东方的各个民族。日本、朝鲜、越南等国家的人们也使用筷子进食。筷子也就成了具有典型亚洲民族色彩的餐具。

筷子的发明应该与中国原始人类在烧烤肉类时,为了不直接用手在火上翻动食物,利用树枝、木棍翻动肉类有一定的关系。亚洲的各个民族使用筷子进食,应该说与东方的这些民族多是以食用粒状粮食为主有关。东方民族喜欢食用由稻米、粟米等粒状粮食做成的熟食,用筷子食用这种熟食应该是最合适的。但是在筷子发明以后,一段时间内,我们的先人并不像现代人这样在吃食物时都使用筷子。如《礼记·曲礼》上就记载有"毋抟饭"(抟,就是将散碎的东西捏聚成一团),可见当时的人在吃米饭时,是用手把饭送入口内的。筷子当时只在夹取菜肴和夹取汤里的菜叶时使用。《礼记·曲礼》中还有这样一句话:"饭黍毋以箸。"即吃饭不能用箸,也就是说吃黍米做的饭时,不能用筷子。应该用什么,书上没有说。上文说过,食用这种粒状粮食做成的熟食,用筷子进食应该是最合适的。而此处又说,吃黍米饭时不能用筷子,岂非自相矛盾?其实不然。"黍"是中国古时的"五谷"之一,其籽粒比小米略大,做成熟食后有黏性。由于这种谷类产量较低,现在种植得很少。现在种植这种谷类多是为了酿酒和做糕类食品。黍米做成的饭很黏稠,像年糕一样,无论用筷子或勺子食用都不方便,所以古人进食黍米饭时,应该是直接用手取之食用。

筷子在古时被称为"箸",也有称为"梜"的。对"梜"字的解释可见于汉代郑玄对《礼记》的注解:"梜犹箸也。""箸"何时改称为"筷子",文献中没有明确的记载。但是在明代陆容的《菽园杂记》中有这样一段记载:“民间俗讳,各处有之,而吴中为甚。如舟行讳‘住’,讳‘翻’。以‘箸’为‘块儿’,‘幡布’为‘抹布’。”这段记载也可能算是将“箸”改称为“筷子”的最权威的解释了。

筷子的古称为“箸”,关于这一点变化,从现在的日本文字中还能看得出来。因为到目前为止,日文中还将筷子写为“箸”。

筷子至少在中国的商代就已经出现了。《韩非子·喻老第二十一》记载:“昔者纣为象箸而箕子怖,以为象箸必不加于土铏,必将犀玉之杯;象箸玉杯必不羹菽藿,则必旄、象、豹胎;旄、象、豹胎必不衣短褐而食于茅屋之下,则锦衣九重,广室高台。吾畏其卒,故怖其始。”这段话的意思就是说,商朝的大臣箕子看到纣王使用象牙制成的筷子后,十分担心。箕子认为,如果连吃饭用的筷子都使用象牙的,必然其他餐具都要与之配套;用如此高档的餐具吃饭,食物也必须与之配套;用高档的餐具,吃着高档的食物,必然要穿高档的衣服;穿着高档的衣服,必然要住在高档的房间里。这样奢靡之风盛行开来,国家离覆亡就不远了。

文献中对商朝使用筷子的记载,现在已经被在河南省安阳殷墟出土的铜筷子所印证。

筷子是既简单又复杂的餐具

在所有餐具中,筷子的制作应该是最简单的,只是两根细细的、长短一致的棍状物。南方多用竹制的,北方多用木制的。但是在现实生活中,制作筷子的材料,筷子制作的工艺和样式却是餐具中最复杂的。

1. 制作筷子的材料高低不等

在中国，制作筷子的材料很多。比较讲究的有用金子、银子等贵金属或较稀少的硬质材料如象牙、兽骨制成的筷子。如上面所说的，商纣王使用的就是用象牙制成的筷子。较差一些的有用各种珍稀硬木制成的筷子，有用铜等金属材料制成的筷子。一般生活中使用最多的筷子是使用木做胎的漆筷，最简单的就是用竹子或用木材直接制成的原色筷子。

河南省安阳殷墟出土的铜筷说明了古时我们的先人在一段时期内使用金属做成的筷子。但是由于使用铜做成的餐具容易氧化，锈迹斑斑，所以逐渐为漆器所代替。1973 年，在湖南长沙马王堆墓里就出土了一双朱漆箸。经专家考证，马王堆墓落葬于汉文帝十二年。也就是说，至少在公元前 168 年以前中国就已经有竹胎漆筷了。

现代社会中还有使用其他金属材料制成的筷子。如用不锈钢材制成的筷子；还有用各种化工材料制成的、被老百姓称为“塑料”的筷子。

2. 筷子的制作工艺繁简不一

最简单的筷子只是用单一材料制成棍状物即可。但是人们为了追求美观，按照“美食必须美器”的理念，有些筷子的制作十分复杂，可以说，中国人在筷子的制作中运用了多种工艺。一副高档的筷子也是十分美丽的。《红楼梦》第四十回有这样一段描述，刘姥姥二进大观园，在进餐时，“凤姐手里拿着西洋布手巾，裹着一把乌木三镶银箸”给大家使用，为了戏耍刘姥姥，凤姐儿“单拿一双老年四楞象牙镶金的筷子给刘老老”。“乌木三镶银箸”就是用硬木制成的筷体，筷子的两头使用银子做成的套套上，中间再嵌上用银子做成的装饰。“四楞象牙镶金”的筷子不是常见的圆形筷子。这种筷子的筷体是用象牙制成的，呈四方形，在筷子的上部或其他部位嵌上黄金装饰。

目前我们能够看到的旧时传世的筷子中，有的上部雕刻有古人的诗句、传统的吉祥话或吉祥图案；有的在最上部，精细雕刻出立体的图形，有人物，有瑞兽；有的下半部分使用硬木，上面大约三分之一则使用象牙或兽骨，将木、骨拼接成为一体；还有用整块玉石雕琢而成的筷子，由于这种筷子易断，所以其观赏性大于实用性。

可以说，中国传统的手工艺技巧，如景泰蓝、漆雕、漆画、镶嵌、掐丝、木雕、牙雕、玉雕，等等，在筷子制作上都能见到。

3. 筷子的样式五花八门

筷子的样式大多为整体圆柱状，上粗下细。但是也有整个筷体为上粗下细的四方形；有的筷子的筷体上部是方形，下部是圆形；有的金属筷子上方下圆，中间则为绞花状；有的筷子头上有空洞，可以用线绳系到一起；有的筷子的上部直接用银链连接到一起；还有金属材料制成的可以伸缩、变换长短的旅游筷子。由于现代旅游业的需求，一些地区为了迎合游客购买旅游产品的需求，还将筷子制成了旅游纪念品，供游客选购。

席面筷子的使用和忌讳

由于筷子在饮食器具中有着十分重要的地位，因此在筷子的使用上讲究很多，忌讳也很多。

1. 筷子的摆放

现代社会中，在席面餐具安放时，一般都是将筷子摆在布碟的右侧，即靠近就餐者右手的位置。筷子的下部朝向餐桌的里面。饭店的席面上，每副筷子都架在筷子架上。家中聚餐，一般都直接放在餐桌上，也可以放到布碟上。

筷子摆在桌面时应摆放整齐，两根筷子不能相互交叉，不能一正一反；两根筷子应挨在一起，中间的距离不能过大。现在社会上有一种说法，如果在席面上，就餐者将筷子横放在布碟上，是表示停止就餐的举止。据说宋代有个名叫唐肃的人，一天，他陪皇帝进膳。在皇帝还没有表示停止进餐时，唐肃先将筷子横摆在碟子上，因而犯了“大不敬”的罪，结果被发配到边境去。所以现在席面上，即使你已经吃饱了，已经停止进食了，筷子也不能横放在布碟上，否则就是不礼貌。这叫作“人不陪君筷陪君”。这种说法在社会上比较流行，很多人都比较认可。所以在摆放餐具时，都忌讳将筷子横摆在碟子上。

◎ 野宴图

但实际上这种说法不是十分的准确。在中国历史上，筷子的直摆、横摆没有一定的定制，既可横摆，也可直摆。虽然文献上没有明确的记载，但在目前保存下来的古代画卷中，古代的墓葬壁画中，古代的洞窟壁画中，我们可以看到古人描绘当时餐饮场面的图景。从图画上，我们可以清楚地看到我们的先人在餐饮时，筷

◎ 敦煌反映古时宴饮画中筷子横置

子的摆放是不排斥横摆的。如在西安出土的长安唐代韦氏家族墓中的壁画《野宴图》,图中描绘的是一个宴会的场景。九个男子坐在三张榻上,榻的前面摆着一张大方几,几上摆放着菜肴和餐具。画中人物使用的筷子都横摆在方几上。敦煌宴饮图反映古时就餐席面的图画上,筷子也都是横摆在餐桌上。即使在现今社会中,有一些地区席面上的餐具摆放,也还有横摆筷子的习俗。如在山东的东部地区,民间还有将筷子横摆在布碟上的习俗。筷子横摆时,筷子的上部朝向就餐者的左边,筷子的下部向右。这样的摆放,便于就餐者拿筷子。

2. 同一席面上,筷子的样式必须一致

一台席面之上,筷子的样式和颜色必须是相同的,不能搭配使用。即使在家中日常就餐时,每双筷子也应该是成对的。有的家庭中比较讲究卫生,每个人使用自己的筷子,为了便于区分,家庭成员的筷子不一致。但是每个人自己的一双筷子,样式必须是一样的,绝不能出现一长一短或颜色不一致的情况。

一次就餐时,席面上所有就餐者使用的筷子应该一致。如在家中聚会,由于人多,一样的筷子不够使用的话,主人应在合适的时候,就席面上的筷子不统一向客人表示歉意。

为了保证就餐时的卫生,家庭中使用的筷子,一段时间内应该更换一次。

3. 安放、使用筷子时切忌落地

《屠羲英童子礼》中有一句话:“安放碗箸,俱当加意照顾,毋使失误堕地。”意思就是,摆放筷子时,一定要注意,千万不要让筷子落在地上。筷子不能落地的主要原因来自民间习俗。主要有两种说法,一种说法是中国人十分尊重祖先,崇拜自然神灵。中国传统观念,神灵有住在天上的,也有住在地下的。民间有句俗语就是“地下有灵”。按照传统的习俗,人们认为筷子落地时,发出的声响会惊动祖先和神灵,这是大不敬。另一种说法是中国人认为就餐吃饭是生活中的重要事情,食物都是上天赐予我们的,所以每个人在吃饭问题上,都须认真对待。筷子落地的行为,会被他人认为是这个人在摆放餐具或吃饭时三心二意,没有认真地对待上苍赐予的食物。所以按照中国的传统习俗,如在摆放筷子时,在进餐中,由于不小心筷子落了地的话,自己至少应在心中谴责自己,并说一句表示歉意的话。

4. 筷子的递送

在餐前摆放餐具时或在就餐中,如准备将筷子递给对方的时候,必须双手拿着筷子的中上部,将筷子横置递给对方。如筷子短,双手拿着筷子递给对方,对方不便接拿时,递筷的人应该一手实拿筷子,一手虚拿将筷子递过去。这种递筷子的方法,既符合卫生要求,又表示了自己对对方的尊重。如对方离自己较远,不方便直接递过去的话,自己应该走过去将筷子递给对方;如果确因就餐场地较拥挤,无法走过去的话,也可请他人帮助传递一下,但是绝对不能将筷子指向对方递过去,更不能将筷子扔过去。

5. 筷子不能插到饭碗里

无论平日里，还是进餐的过程中，筷子都不能放到空碗中。特别是就餐时，筷子绝对不能插到已经盛满食物的碗里和盘时。这是因为在中国的传统中，只有在祭祀神灵、祖先时，筷子才能插到盛满供品的碗里。

在用餐过程中，如果自己因故需要暂时离开餐桌时，或在就餐的过程中，如因说话暂停进餐时，应将两根筷子并在一起，轻轻地放到筷子架上、布碟上或桌面上，不要放到饭碗上或架在公用盘子上。筷子放下时一定要摆放整齐，不要随意扔到桌上，筷子不能上下错位或交叉摆放。

6. 筷子不能指人

就餐过程中，无论何种原因，绝对不能用筷子指人。前面所说递送筷子时，无论自己递过去，还是让他人转递过去，筷子都必须横置。在席面上自己与对方相互交谈时，应将筷子放到桌上，避免交谈过程中，由于自己不注意将筷子尖指向对方。

在中国的传统中，任何尖物都不能指向对方。这是一种犯忌讳的事情。中国人都十分尊重老年人，已经使用了拐杖的老年人，无论如何德高望重，手中的拐杖除了在指责不孝之子时，其余时间，手中的拐杖不能指点对方。

7. 筷子不能敲打餐桌和餐具

按照中国的传统，在席面就餐前和就餐过程中，无论发生何种事情，持筷子的人都不能用筷子敲击餐桌、餐具或用两根筷子相互敲击。用筷子敲击他物，是一种极不礼貌的行为。

这种行为会被邀请人理解为客人对自己不满，或是对自己招待的礼节不周或席面上食物质量不好的不满。

用筷子敲打他物，或相互敲击不但是对邀请者的不尊重，对自己也是很犯忌讳的。因为在旧时，乞丐到居民家中要饭时，为了唤起他人的注意，经常用筷子敲打饭碗、饭锅。所以中国北方的民间流行着一种说法，就是“敲锅敲碗一辈子穷”。

在席面上饮酒时，有一种“数七”的酒令。在行此酒令的时候，有需击打他物发出声音的要求。现在一些人在行这个酒令时，使用筷子击打桌面发出声音，这种做法是不可取的。此时可以用手击打桌面发出声音即可。

由于用筷子敲打他物是一件犯忌讳的举动，所以即使在非用餐的时间，也不应该用筷子敲击其他物件，或相互敲击。

8. 不能直接用筷子去接过对方布给自己的菜肴

中国人在进餐时，为了表示对他人的尊重，十分注意照顾他人进餐，会经常地给对方布菜。当对方给自己布菜时，如两人之间有点距离，自己应起身，用双手将布碟拿起来，接过对方递过来的菜肴，决不能用筷子直接将对方用勺子盛的菜夹过来。否则，被认为是极不礼貌的。

9. 在餐桌上，不能用筷子插入到块状、圆形食物中取食物

烹制中国菜肴的原料样式很丰富，有些菜肴是使用块状食物烹制的，如滑熘里脊、拔丝苹果等。烹制中国菜肴的方法也很多，有用油炸制成的块状食物，如干炸丸子等。中国餐的主食品种也很丰富，有饺子、馄饨、元宵、汤包等。在食用这些

食物时，绝对不能用筷子插入食品中取回进食。如自己使用筷子的技巧较差，对一些块状、圆形食物夹取不上来的话，可以一手拿筷子，一手拿勺子，用勺子将食物取回，放到自己的布碟里，慢慢食用。

10. 不能用手大把握筷子取食食物

在席面上就餐时，筷子的使用必须按照正规的方法，不可用手大把握住筷子去捅食食物。

安置席面餐具或进餐过程中，如遇筷子不整齐时，也不应大把握住筷子戳击桌面使筷子齐整。应该用手指拿住筷子，轻轻地将筷子弄整齐即可。

11. 持筷子的手不能再拿其他东西

在席面上进餐的过程中，如果自己暂时不夹菜，筷子应放下，不能长时间用手拿着筷子，同时去做其他事情。如向他人敬酒时，无论自己离座还是不离座，都不能一手拿着筷子，一手拿着酒杯。特别是不能一只手拿着筷子，同时还拿着酒杯。在吃主食时，一手持筷，一手持碗。当需要做其他事情时，必须将筷子和饭碗放到桌面上再去做。不能一只手拿着筷子，同时又拿着饭碗。

12. 进食时，不能勺筷同时使用

《朱子童蒙须知》记有："凡饮食举匙，必置箸。举箸，必置匙。食已，则置匙箸于案。"这段话的意思是说在进餐过程中，在准备使用勺子进食时，应该将手中的筷子放下；在使用筷子进食时，不要同时也拿着勺子。二者只能使用一种。

有一种情况是可以例外的，那就是在从公用盘中夹取带有汤汁的菜肴时，为了防止菜汤滴到桌面上，可以一手执筷，一手执勺，用勺子接住滴下来的菜汤。

13. 餐桌前不能玩耍筷子

在进餐过程中，必须养成不使用筷子时，就将筷子放到桌面上的习惯。因为在倾听对方说话时，如果手中持有筷子，有时会下意识地把玩手中持有的筷子，这是一种不礼貌的表现。如果是有意识地在席面上玩耍筷子，则更是一种不文明的表现。

14. 严格筷子的职能

就餐时，筷子只用于夹菜或取食食物，不能作为他用。有些人无论在饭店宴会上，还是在家中进餐时，遇到开启酒瓶盖子时，总喜欢用筷子头撬起酒瓶盖；还有些人在吃骨头、蟹类等食物时，喜欢用单支筷子捅食食物缝隙中的美味。这些做法都是不文明的表现。餐桌之上，餐桌之下，筷子只有一个作用，那就是夹菜取食，用于进餐。食用食物缝隙中的美味和开启酒瓶盖等行为，应该使用专门的工具，不能用筷子代替。

注意用筷子时的卫生

1. 席面上应有公筷公勺

一般来讲，席面上应该摆放一双公用筷子，以备客人布菜时使用。在进餐过程中，如果想为他人布菜时，可以使用这双公用筷子。席面上如果备有瓶装的调味品，在自己取食这些调味品时，绝对不能使用自己的筷子直接到瓶中夹取，一定要使用公用筷子取出后，放到自己布碟中再食用。

在使用完公用筷子后，一定要记住把筷子放回到原处。

2. 筷子不能放到口中

进餐过程中，如果自己的筷子上粘住了食物，千万不要将筷子头放到嘴里吸吮，将食物取下来。必要时，应该用餐巾纸或其他餐具将食物取下来。用筷子夹菜放到口内时，一定注意不要将筷子头同时放入口内。否则，会给他人留下此人不讲卫生的印象。

3. 夹起的菜不能再放回去

在进餐时，自己的筷子在公用菜肴盘中夹住菜肴后，无论什么原因，都必须将夹起的菜取回来放到自己的布碟中，不能夹起来后又放回到公共盘子里。即使使用的是公用的筷子，也不应该出现这种现象。特别是自己咬过的食物更不能放回公用盘中。《礼记·曲礼》中说得十分清楚，吃饭时"毋放饭""毋反鱼肉"，意思就是不要将自己已经吃过的食物放回到餐具中。这里所说"毋放饭""毋反鱼肉"，指的是不要将吃过的食物放回到自己的餐具中。但你想一想，自己嘴咬过的东西，都不能放到自己的餐具中，这样的食物怎么能放回到公共的菜肴盘中呢。

4. 筷子不能当牙签

席面上，有些人把筷子当作牙签，挑剔牙间残留的食物。这是一种不文明的现象。《礼记·曲礼》说过："毋刺齿。"意思就是不要用筷子剔牙。所以无论在聚会宴请的席面上，还是平日在自己家中进餐时，都不要用筷子剔牙。

5. 不要翻转使用筷子

使用筷子时必须正常使用，不能上下颠倒，用筷子的上部取食物。餐桌之上，有一种不好的现象，有人在为他人取菜肴时，为了表示卫生，习惯于将筷子翻转过来使用，也就是用筷子的上部分为他人取菜肴。这种做法是极不卫生的。这样帮助对方取菜肴，实际是给对方送尴尬。吃也不是，不吃也不是。如果席面上没有公筷，但是又必须帮助对方取菜肴时，可以在向大家说明情况后，将盘子拿起，送到对方的跟前，由对方自己取用。

筷子架

现在档次高一点的饭店餐桌上都使用筷子架。在安置席面餐具时，将筷子的前部放在筷子架上。这样做既卫生，又可以保证筷子不随意滚动。

有人认为，既然筷子是中国人发明的，筷子架也应该是中国人发明的。其实不然，中国古时是没有筷子架的。到目前为止，在绘有古人餐饮场面的古画、壁画中，都没有看到桌面上摆放着筷子架的画面；在出土的文物中，至今也没有看到过出土筷子架的记载；在古玩市场里，也没有看到收藏的古时筷子架。所以在没有发现新的证据前，“中国古时没有筷子架”的说法还是能够成立的。

在中国古代，席面之上没有筷子架，布置席面餐具时，筷子就放在布碟上，或者直接放到布碟旁边的桌面上。筷子架在中国社会上的出现，并得到广泛认同、使用的时间，不会早于20世纪的改革开放时间。筷子架的使用，很可能是改革开放以后，国外餐饮企业进入中国后带进来的。按照国外各个国家使用筷子的情况来看，估计筷子架应该是从日本或韩国传入中国的。

◎ 清代古画席面上筷子直接放置在桌面上

筷子架到底是不是中国的发明呢？如果是，为什么一直没有出土过？如果不是，筷子架又是从哪个国家、什么时间传入中国的？这些还有待相关专家去研究。

第八章

餐前待客

餐前待客需周到，
宾至如归感温情。

宴会聚餐前，当朋友到来，到正式开始进餐应该有一段时间。虽然这段时间不太长，但这是一次宴请聚会的开端，良好的开端是一件事情取得成功的一半。邀请者在这个时间段里，可以极尽地主之谊。接待中可充分显示出自己的待客礼节常识，在使被邀请者有宾至如归感觉的同时，可以展示出自己的整体素质。

第一节 饭店待客

邀请人应提前到现场,亲迎众宾客

聚会邀请之日,邀请人应提前到宴会现场,以便接待每一位到来的客人。如果邀请者确因重要事务缠身,无法提前到饭店迎接客人的话,也应委托专人提前到饭店替自己接待客人。等到自己忙完公务后,赶到饭店时,一定要向已经来到的客人表示歉意。

一般来讲,普通的宴会聚餐,邀请者可在安放宴请席面的房间内等待客人的到来,但是对待客人中的尊者,邀请人则应该亲自到饭店大厅里等候。如邀请人为了接待其他客人,无法分身前去饭店大厅等候的话,也应派专人到饭店门口迎接。

举办较大型的典礼宴请,由于客人很多,主人忙于接待,无法亲自到门口接待客人，这时必须安排专人在门口迎接客人。当客人到来时，接待人员应主动介绍典礼宴请现场的具体位置；遇到年纪大或较尊贵的客人，应亲自送到典礼宴请的现场，直接引见到邀请人处。一般来说，应该安排两位以上的接待人员。这样可以保证接待人员在送客人到就餐地点时，饭店门口还有人接待客人。正式的典礼宴请还应在门口设宾客签到册，以作纪念。

邀请人或接待人员陪同客人前往就餐的饭厅时，每逢穿过厅堂、房间的房门时，都应让客人先过去。《礼记》上记载："凡与客入者，每门让于客。"客人如果是长者，则可表示感谢后，先行通过；如果邀请人为长者，客人则应主动谦让，让邀请人先过去。此时，作为长者的邀请人，为了表示对客人的尊重，应携客人同时通过房门。现在的饭店多是楼房，楼房中使用电梯上下。在乘坐电梯时，邀请人应让客人先进入电梯间；在走出电梯间时，邀请人应先出来后，在电梯门外等候，所站位置应该是去就餐房间方向的对面。待客人出来后，再一起前去就餐的房间。

客人来到就餐的饭厅后，邀请人应将客人礼让到休息的地方。就座后，相互寒暄，休息聊天，等候就餐。邀请人对所有前来赴邀的客人均应该热情接待。"来的都是客"，必须一视同仁。即使邀请人在陪同年长的、尊贵的客人聊天时，当其他一般的客人到来之时，邀请人在向年长、尊贵的客人致歉后，也应马上离座前去迎接。接待客人时的最大忌讳，就是只注意应酬主要来宾，而忽视了其他客人。在邀请人站起来接待客人时，先到的客人也应跟随邀请人同时站立起来表示敬意。即使客人是年长之人，也应欠身点头致意。后到的客人，在与邀请人寒暄后，应该主动地到年长的客人前致意问候。

在中国的传统礼仪中还有“**年长以倍，则父事之。十年以长，则兄事之**”的说法。有的客人很年轻，但是职位较高。这种客人在参加宴请聚会时，大家都会很尊重地让给座位。但是如果后来的客人中有年长于自己的人，休息地点座位又较少的话，年轻者应该主动地让出自己的座位。对年纪较大的人还应主动将其搀扶落座。实际上，不但宴请聚会时应该这样，即使平日里，这种年轻的干部也应时刻注意这一点。

与客人相见时的礼节

邀请人在迎接客人时，应充分体现出对客人的尊重。客人来到时，邀请人应迅速前去迎接。现代社会，一般使用的是握手礼。当邀请者与客人相互握手致意时，主客双方都不能出现一只手插在口袋里，一只手与对方握手的现象。因为这种举动是极不礼貌的行为。如对方是尊者或者年长于自己，握手时绝不能用另一只手拍对方的肩膀。这种举动是一种不尊重长者的动作，但对年龄小于自己的人或晚辈还是可以这样做的。客人到来之时，如邀请人正在吸烟的话，必须将香烟掐灭后再上前迎接客人，绝对不应该一手持香烟，一手与客人握手。同样道理，客人在与前来迎接的主人握手时，也应该提前将香烟掐灭。

主、客双方如果是第一次见面，可以相互交换名片。名片一般讲应提前放到自己的上衣口袋中。与对方交换名片时，正确的姿势应该是身体站立，头部微微前倾，双手持名片递给对方。名片上有汉字名字的一面朝上，字的方向应以方便对方观看为准。在接对方递过来的名片时，也应以同样的姿势，用双手接过来。接过名片后，如果对方的姓名用字中有自己不认识的生僻字,可以直接询问对方,这在交往中不是失礼行为,但是如果念错了对方姓名,则是一种失礼的表现。双方交换名片时,都必须要站立起来,不能坐在座位上将名片递给对方,对方也不能坐着接过递来的名片。即使是长者,行动较不便,但在递名片或接名片时也应欠身致意。

接过名片,看过名片内容后,应将名片放到上衣口袋中,不要放到裤兜里。如果上衣没有口袋,可放到随身带的公文包里。如果在就餐过程中交换名片,应该离座到对方座位前递过名片;接受名片者也应站立起来,并离座接受对方递过来的名片。在接受了对方的名片后,如暂时放到餐桌上,千万注意不能被食物污染了,并且在离开餐桌时一定要记住将名片带走,否则被对方察觉的话,会认为自己受到了轻视。

尊重服务人员

一般来讲,饭店餐厅中有专门的服务人员负责房间里的招待工作。在宴请的全过程中,邀请人或客人都可以请服务人员帮助做一些服务性的工作。在需要服务人员为自己服务时,无论邀请人还是客人,都应该尊重服务人员,以礼相待,必须"请"字当先;享受了服务后,必须"谢谢"对方。主人和客人绝不能在服务人员面前表现出盛气凌人、高人一等的做法。在这种细节上,可以充分显现出一个人的道德修养与思想品位。启功先生是一位多才多艺的大家。老先生在世时,在去饭店参加活动聚餐时,无论是服务员,还是厨师,只要慕名前来求字,启功先生从不回绝。

第二节 家庭中待客

坐等客人

在自己的家中与亲朋好友聚会时，主人应该提前安排好自己的时间，专门在家中等候。因为在客人到来的时候，主人不在家待客是一件很失礼的事情。如果主人确有事情，必须自己亲自前往处理时，应提前安排好自己的家人待客，并在回来后向客人道歉。由于现在的通信技术十分发达，在不影响处理事情的前提下，可以随时与家人保持联系，先通过电话向客人解释清楚，表示歉意。

准备好消闲食品待客

家中聚会时，如果主人需要在厨房中准备宴请菜肴的话，应该提前安排好亲属，或与自己关系密切的朋友帮助招待客人，以免慢待客人。主人还应该提前准备好一些水果、干果，以供客人等待进餐时消闲食用。

到朋友家中做客时，应主动向主人询问是否可以帮助主人做些什么。主人对客人的这种询问，应该表示感谢，但不应该安排客人做事情。对于主人的亲属和十分熟悉的老朋友，也可以适当地安排一些杂活。

注意家中环境

在家中聚会时，主人应该在客人到来之前，将家中打扫干净，收拾整齐，要以整洁的家居环境来招待客人。待客之日，主人家中比较脏乱的话，是对客人的不重视。

待客之日，主人和家人的服装也应该穿戴得较正式一点。身穿睡衣、裸胸赤背的做法都是不可取的。主人及家人的穿戴是能够体现出这个家庭整体素质的。

安排好孩子

如果主人家中有小孩，那么邀请朋友到家中聚会就餐前，一定要提前安排好孩子。如有老人，可以先将孩子让老人帮助照顾；如无人可以托付，一定要提前做好孩子的工作，教育孩子在客人来到的时候不要调皮、任性。客人来后，如果孩子做错了事情，切不可当着客人的面打骂孩子，否则的话，会让客人感到十分的尴尬。

要从小教育孩子尊重长辈，养成尊老的价值观念。就餐时，绝不能不顾他人，将孩子喜欢的菜肴盘子端到孩子的跟前，让孩子自己享用。即使日常在家中就餐，也应教育孩子顾及同桌所有的亲人、长辈。

第三节 以茶待客

中国人以茶待客，这是传承了几千年的习俗。所以宴请前，宴请过程中，宴会结束后都要沏泡茶水，供客人饮用。

茶叶种类

中国茶叶的种类很多，待客时应该根据客人的喜好、年龄，根据宴请时的季节来决定沏泡何种茶叶。

中国茶叶习惯上主要分为四大类：花茶、绿茶、青茶、红茶。

花茶又名香片。古人利用茶叶吸附力较强的特性，用各种香味较强的鲜花，如茉莉花、玉兰花、玫瑰花等窨(xūn)制而成。茉莉花茶的原料茶是绿茶。玉兰花香型的花茶，其原料茶多为红茶。玫瑰花香型的花茶，其原料茶多为乌龙茶。一般来讲，北方地区多喜欢饮用茉莉花茶。如老北京较有名的老字号“吴裕泰”“张一元”等茶庄窨制的主要是茉莉花茶，其他香型的茶较少。花茶的主要功能是散寒邪、促阳发，有平肝、润肤的功效。常饮用有排毒、养颜、明目的作用。花茶最宜春天饮用。

绿茶中的制作过程比较简单。主要程序是将采摘下来的鲜茶叶片杀青、炒干、定型、烘干或晒干即可,所以绿茶中的天然物质保存得最多。绿茶中较名贵的茶有西湖龙井、碧螺春、六安瓜片等。绿茶讲究采摘的季节,如“明前茶”就必须是清明前采摘的鲜茶叶制成的。绿茶的主要功能是:生津止渴,消食化痰。由于制作绿茶的鲜茶叶是茶树的嫩芽,所以冲泡绿茶的水温应在80℃左右。否则,水温太高了,把茶叶都“煮”熟了。绿茶属寒,应该在夏季饮用。

青茶也称为乌龙茶,是一种半发酵茶。鲜茶叶需经一定时间的发酵后再进行烘炒定型。青茶中的名茶主要有大红袍、铁观音、冻顶乌龙、武夷岩茶等。青茶的主要功能是:润肤、润喉、生津、清积热。南方人喜欢喝的“工夫茶”主要使用的茶叶就是青茶。工夫茶现在北方地区也开始流行。

红茶多为发酵茶,其主要功能是生热暖腹,助消化,去油腻。红茶中的名茶是云南滇红、安徽祁红。现在一般将普洱茶列为“黑茶”,实际上普洱茶也应是红茶的一种。

从各种茶的性能看,北方地区待客的时候,除了客人有特殊要求外,一般来讲,春季应以喝花茶为主,夏季应以喝绿茶为主,秋季应以喝青茶为主,冬季应以喝红茶为主。招待青年人则应以喝绿茶、青茶为主,招待老年人应以喝花茶、红茶为主。就餐前应以喝花茶、绿茶为主,餐后以喝青茶、红茶为主。午餐时间应以喝绿茶为主,晚餐时间应以喝红茶为主。

宴请应喝红茶

在聚会宴请时,由于席面上的菜肴油腻程度明显高于日常家中食用的菜肴,所以待客用的茶叶应该以能够助消化、去油腻的红茶为主。因为红茶助消化、去油腻的功能明显高于绿茶、花茶。如果是晚餐宴请客人的话，更应该冲泡红茶。因为茶叶中含有咖啡因，有提神的作用。晚餐时喝绿茶会影响睡眠。绿茶中的茶多酚、咖啡因成分明显高于红茶。这是因为绿茶的制作过程没有发酵这道工艺，因此绿茶较多地保留了鲜茶叶内的天然物质。据说绿茶中的茶多酚、咖啡因保留了鲜茶树叶的85%以上，所以喝绿茶可以提神醒脑，多喝了绿茶容易使人兴奋。红茶经过了发酵，茶中的茶多酚、咖啡因与绿茶相比，含量要少得多。为了避免夜间反夜、失眠，晚餐聚会时还是以喝发酵过的红茶最好。最好选择熟普洱茶或陈年普洱。因为熟普洱茶和陈年普洱的消食、解腻功能很强，对睡眠的影响最小。对这一点，中国人早就有所认识。《红楼梦》中就有晚间睡觉之前饮用普洱茶的记载。第六十三回记载，宝玉生日的当天晚上，“已是掌灯时分”，“林之孝家的和几个管事的女人走来”查夜。当林之孝家的询问“宝二爷睡下了没有”。宝玉忙笑道：“今儿因吃了面，怕停食，所以多玩一回。”“林之孝家的又向袭人等笑说：‘该闷些个普洱茶喝。’袭人、晴雯二人忙说：‘闷了一茶缸子女儿茶，已经吃过两碗了。大娘也尝一碗，都是现成的。’”

双手递茶，双手接茶

在饭店聚会宴请，邀请者到了饭店后应提前点好茶叶，除了绿茶应该在客人到来后再冲泡外，其他茶叶可以让服务人员提前将茶水冲泡上，待客人到时马上奉上茶水。在家中宴请客人，也应如此。提前冲泡茶水时，应注意注入茶壶中的水要少一些，这样在客人到来时，再加入热水后，可以保证茶水的温度。夏天在家中待客，由于天热，可以提前沏泡好茶卤，待客人到来之后，用温水冲兑，帮助客人解暑。

对前来赴约的客人，邀请人应亲自为之奉上茶水。如使用单杯沏茶，递茶杯时，应双手持杯递上，或一手实拿，一手虚拿。对于有把的茶杯，茶杯把的一面应朝向客人。如果客人的年龄、资历高于邀请人，在接茶杯时，可在座位上欠身表示谢意，同时双手接茶杯；一般客人则应该站起身来双手接过茶杯。如果客人座位旁边有茶几、桌子的话，也可以将茶杯直接放到茶几、桌子上，放稳后应将杯子把转到客人一侧方向。客人则应伸手虚扶，欠身表示谢意；一般客人应站起表示谢意。如使用茶壶沏茶，可先将空杯子放到客人面前，然后将茶水注入。

待客时，要及时为客人续添茶水。为客人续添茶水时，因茶杯已在客人旁边，邀请人应一手拿着茶壶把，一手扶着茶壶身将茶水注入杯中；如茶壶较小，也应一手虚扶茶壶身。客人应欠身致谢，并且伸手虚扶，双目应注视茶壶、茶杯，此时不应将目光转向他处，与他人聊天。在饭店就餐时，饭店的服务人员前来倒茶时，客人也应表示谢意。

讲究茶具卫生

到他人家中做客时，除了最亲近的朋友外，被邀请人最好不要自带茶具，因为自带茶具会造成邀请人的误解，认为你嫌弃对方家中的茶杯脏。即使你十分讲究卫生，不愿意使用他人的茶具，你可以在对方奉上茶以后，放到那里不饮用。当然，邀请人也应提前将自家的茶具清洗干净，能消毒的最好进行高温消毒处理，并在客人来后，选择适当的方式，将杯子已经过高温消毒一事告知客人。招待客人的茶杯切忌破损，杯体上不要出现茶垢。

家中沏茶待客一般使用的是瓷制茶具。但如果为客人沏泡新的绿茶时,也可以使用透明的玻璃杯子,使喝茶的过程成为欣赏新茶的过程。这样做,还可以增加待客时的话题。

在给客人倒水时,也必须注意不要出现茶壶嘴儿向外侧倾斜倒水的问题。在为客人倒水时,如有可能的话,尽量应站立在客人的右侧倒水。

主动帮助客人洗茶

由于茶叶在制作、运输、保管的过程中,难免会有灰尘落入,所以沏茶时的第一泡水应该倒掉,这样可以将落入茶叶中的灰尘洗掉。此谓"洗茶"。客人到自己家中做客时,主人可以给每个客人单独沏茶,也可使用茶壶沏茶。茶叶可根据被邀请人的口味放置,或绿茶,或花茶,或红茶。无论单独沏茶,还是用茶壶沏茶,要主动地为客人洗茶,也就是第一次注入的水应该倒掉,因为一些喜欢饮茶的人都有洗茶这种习惯。作为主人,你如果不主动地帮助客人洗茶,客人出于礼貌,无法将第一泡茶水倒掉,但是出于自己的饮茶习惯,又不愿意饮用不经洗茶的茶水,这样将使客人处于十分尴尬的境地。

茶要浅,酒要满

中国民间有"*茶要浅,酒要满*"的说法,给他人倒茶时,茶杯中的水以七八成满为宜。这主要是因为大多数中国人喜欢喝热茶,为了保持茶水的温度,杯中的茶水应少添勤续。如用茶壶沏茶,在给客人添续茶水时,应注意客人杯中的茶水冷热。如果已经凉了，应将茶杯里的剩茶水倒掉，重新倒入热茶水。

一般来讲，在家庭中聚会就餐之后，如果朋友们继续聚会聊天的话，应该重新沏茶招待客人。

第九章 席间礼节

餐桌就餐,礼节古今一脉相传;
主客守礼,尽显个人文化修养。

无论是在饭店，还是在家中，聚会宴请均属于社会公众活动，因此在整个活动中，每个人都应该有意识地约束自己，按照相关礼仪来规范自己的举止言谈。聚会宴请活动中，一个人的一言一行，可以充分显示出他自身的文化品位和素质教养，也可以显示出他的举止风度和人格魅力。聚会宴请活动中的一言一行，是一个人的学识、修养和价值观外在的表现。一次完美的聚会宴请，能够展现出主人的个人魅力，能够很好地协调人与人之间的关系，建立起一种和谐的群体氛围。

席面上的就餐礼仪是席面文化最重要的一部分。这些礼仪既适用于聚会宴请，也适用于家中日常就餐。一段时间里，我们对典礼宴请上的礼仪似乎十分重视，但是对家庭中餐桌上应该注意的礼节却忽视了。许多应该注意的进餐礼节，逐渐被人们淡化，忘记了。殊不知，典礼宴请上的礼仪，都是来自家庭就餐的规矩。人的一生中需要一日三餐，所以在对孩子的素养教育中，进餐时的礼节教育应该是为人处世礼节教育中的重点。《礼记·内则》说："八年，出入门户及即席饮食，必后长者，始教之让。"这段话的意思就是说，作为家长应该从小教育孩子，了解一些日常的礼节。从孩子七八岁开始，就应该教育他在行路、吃饭时都应该做到让长者走在前面，吃在前面。一个人只有在家庭中比较注意、讲究进餐的规矩，才会在社会上的聚会宴请时，表现出应具备的餐饮礼节来。

第一节 宴请聚会的开场白

正式的典礼宴请前，一般来说，邀请者在正式举筷就餐前，应先向来宾们介绍前来就餐的客人身份，为客人相互引荐，以便席间大家相互交谈。亲朋好友之间的聚会宴请，由于大家都很熟悉，这个礼节可以省略。但如果有大家不太熟悉的朋友初次参加，也应在就餐前，将这位朋友介绍给大家。

介绍客人后，邀请人可以简单地说几句开场白，感谢大家前来捧场。无论何种宴请聚会，聚会前的开场白，都必须要简短。开场白的内容中，除了致谢、感谢外，不要涉及与宴请聚会无关的其他内容。开场白后，邀请人应向客人们敬酒，再次感谢大家的光临。

在正式典礼宴会开始时，邀请人在敬酒的开场白后，如席面上有年长者、尊者，还应邀请他们讲几句。一般来讲，此时长者、尊者只是表示谢意即可，不要过多地发言。邀请人在致辞、敬酒后，大家即可举筷就餐了。

按照中国的传统礼节，主人在正式进餐前应给坐在自己旁边的客人布菜，客人应以一手或双手虚扶布碟，并表示感谢。如主人没有布菜，客人可与主人同时，或待主人夹取菜肴后开始进餐。《礼记·曲礼》写道："主人亲馈，则拜而食；主人不亲馈，则不拜而食。"

第二节 席间布菜

按照中国的传统，一般来讲，在宴会开始后，邀请人应为主要客人布菜。宴会进行期间，作为答谢，客人也可以为邀请人布菜。为客人布菜恐怕是中国人特有的待客之道。一家人就餐，父母也会给孩子布菜，孩子也会给年纪已大的父母布菜，甚至在国宴之上，国家领导人也会为客人布菜。

有人讲，为客人布菜是中国人的陋习，是不卫生的。这种说法比较极端。当年周恩来总理在接待各国重要来宾时，每次都要亲自为客人布菜。前面我们曾说过，周总理在接待美国总统尼克松时，就曾经为尼克松布菜。应该说，邀请人为客人布菜，可以体现出对客人的尊重。

布菜时必须注意以下一些问题：

礼仪性的布菜可在宴会刚开始的时候进行。须注意的是，虽然此时主人的筷子还没有使用过，但也应使用公用筷子给客人布菜。一般来讲，客人出于对主人的尊重，对布在自己布碟中的菜肴都应该吃掉。

宴会开始后，主人如果再次为客人布菜时，一定要在观察到客人喜欢何种菜肴以后进行。这样可避免主人在不了解对方的需求时，为客人布上对方不喜欢的菜肴，造成客人出于礼貌只能勉强下咽的结果。

当主人为自己布菜时，客人一定要欠身致谢。所布之菜，自己即使不喜欢，也不应表现出来。中国的传统应该是“长者赐，少者贱者不敢辞”。主人在为身边的客人布菜后，对离自己较远的客人，要在语言上有所表示，避免使这些客人感到自己被冷落。

在一些地区还有一些特殊的习俗。如菜肴中的羊眼睛、鱼眼睛必须给席面上德高、年长的尊贵客人吃。主人在该道菜肴一上席面后，马上就会将羊眼睛或鱼眼睛夹出来放到客人的布碟中。遇此情况，客人应爽快地接受下来，如确实不喜欢吃，可以放在布碟中。

布菜时要讲究卫生。主人不要用自己的筷子给客人布菜，布菜时应用桌上公用的筷子。在把菜放到对方布碟前，也可向对方提示一下，这是公用筷子夹的菜。前面曾说过，在为对方夹一些干炸食物时，有些人习惯将手中的筷子翻过来，使用筷子的上部夹食物递给对方，这实在是弄巧成拙，是极不卫生的。无论主人、客人都不应该出现这种情况。

现在一般饭店较大的圆形餐桌上，都设有一个转盘，菜肴摆在转盘上，就餐者转动转盘，取食转盘上靠近自己的菜肴。使用转盘应该注意两个问题，一是转盘应该顺时针转动；二是转动转盘时要注意其他人是否在夹菜，如有人正在夹菜可以稍等一下。在社会上流行着一个灰色笑话——“领导夹菜我转桌”，这个笑话形容一个人没有眼力见儿。虽然这是个灰色幽默，但确实说明一个缺乏席面文化的问题。

第三节 席间交谈

食不言与席面交谈的话题

中国的养生之道中有"食不言,睡不语"的理念。但是现实生活中,在饭店宴请聚会时,席面上就餐者相互敬酒,相互沟通感情,语言的交谈是必不可少的。在家中就餐也同样如此,一家人围坐餐桌前,亲情浓浓,相互沟通交流。这些做法似乎与"食不言"的理念正相反。

实际上,我们要正确地理解古人所说的"食不言"的概念。古人所说的是吃饭时一定要专注吃饭,不要过于分散精力。否则就不符合健康的进餐理念,会影响食欲,不利于对食物的消化吸收。我们现在需要注意的是,在席面上,在餐桌前,朋友、家人之间相互沟通交流时,大家都应该做到轻声细语,不要影响他人。特别是交谈的内容不要涉及敏感话题,不要涉及社会政治、单位人际关系等容易引起不同见解的问题。

注意聊天时的礼节

中国的传统礼仪中有"负剑辟咡诏之,则掩口而对"的说法。

意思是年长之人与你俯身说话时，你一定要用手遮住自己的嘴来回答，不要将说话时的气息吐到长者的脸上。席间谈话就应该如此。当自己准备与邻席聊天时，自己的脸应该侧向一面，避免自己的嘴直对对方。对方和自己说话，自己回答时，也应该如此。

当你准备与对方聊天时，还应该注意对方是否在咀嚼食物。一般应在对方口中没有食物时再与对方谈话。当邻席与你谈话时，自己应该迅速地咽下嘴里的食物，再与对方对话。不要一边咀嚼，一边与他人谈话。

在与邻席聊天时，还应将手中的筷子放下，身体坐直，不要将双肘支到餐桌上；如果确实不方便的话，可将两个小臂靠在餐桌的边上。

隔席不说话

“**隔席不说话**”是中国民间席面文化中一个很重要的内容。这种习俗主要适合于典礼宴请、多桌进餐时。之所以有这样的习俗，一是出于对本桌客人的尊重。进餐过程中，弃本桌客人、朋友不顾，到其他餐桌上聊天，这种做法会使本桌客人产生自己被轻视的感觉。二是进餐过程中，每桌的话题自然产生，都不相同。外人突然加入，打断话题，会使大家不满。三是主人在安排座次时是经过充分考虑的，擅自改变主人的安排，到邻桌坐下，这也是对主人的不尊重。所以，就餐过程中，不要随意到其他餐桌上进餐、聊天，避免引起不必要的口舌。

餐桌上谈话的主题

宴请聚会时，席面上就餐者相互敬酒，相互沟通感情，为了活跃进餐氛围，众人聊天是不可少的。一般来讲，聚会进餐时，大家聊天的话题应选择一些知识性的、趣味性的话题，应以风花雪月、文艺娱乐、幽默趣事为主题。钱锺书先生在《吃饭》一文中曾说过："在席上传观法书名画；甚至赏花游山，把自然名胜来下饭。"谈话的话题尽量不要涉及社会上、单位中的一些敏感话题，不要涉及对他人评价的话题，特别不要涉及一些容易引起大家伤感悲戚的话题，以免使得进餐氛围压抑，影响大家的食欲。

公务宴请时，千万不要谈一些与相互之间业务往来有关的事情。其实前来就餐的人都十分清楚宴请的目的，如果在进餐时主人、客人谈有关业务的事情，则显得十分俗气，冲淡了感情沟通的内容，似乎此次宴请的目的只是为了业务。

第四节 注意就餐时自身形象

坐有坐相

进餐过程中要做到"坐有坐相"。在入座后，自己的身体要坐直，腿和脚要收拢，不要将腿伸得很直、很远，甚至碰到其他客人。

无论是在餐桌前，还是在休息的沙发座椅上，都必须要坐端正，特别是年轻人和女同志，坐在那里不可四肢大伸。《朱子童蒙须知》里说过：“凡众坐，必敛身，勿广占坐席。”

进餐过程中，如暂时停止进餐，手肘不得放到桌面上；如有需要，可将小臂靠在餐桌的边上。除特殊情况，不要将自己的手放在邻座的椅背上。夹取食物时，肘部应尽量靠近身体，不要向两旁张开，以免碰到侧面的客人。

在席面上进餐时，不要起身伸手横越过餐桌去取另一侧的东西。如确需拿取餐桌另一侧的东西时，可以请其他客人帮忙传递过来。

吃有吃相

进餐中，要做到“吃有吃相”。

进餐者从公用盘中夹取菜肴一定要使用公用勺子。如果饭店在菜肴的盘子里放上一把供进餐者从公用菜肴盘中取菜肴使用的金属勺子，进餐者在盘中取菜时，应该使用这把公用勺子取菜肴；如果饭店没有安排公用勺子，可以请服务员帮助取一把勺子作为公用勺子。

进餐者从公用盘中夹取菜肴一定要注意卫生。夹取菜肴时，遇带汤汁的菜肴，一定要用汤勺在下面接住滴下来的菜汤，尽量不要让菜汤滴在桌布上。取菜肴时，不可大幅度地挪动身体，将头探到餐桌上，伸长脖子，张大嘴巴，用嘴去接筷子夹取的菜肴。席面之上，必须注意，食物应该“就口”，不可“口就”食物。一般来讲，最好是将取回的菜肴放到布碟中，慢慢食用。

席面之上，进餐者在将菜肴放入自己口中前，一定要仔细观察，如果误夹了自己不喜欢吃的食物，就不要食用，可先放到布碟中。必须注意的是，只要进口的食物，绝对不应该再吐出来。假如入口的菜肴过辣、过烫的话，可迅速地喝水或果汁冲淡、降温，一定不要吐出来。

进餐者吃带有骨、刺的食物时，在吐出骨、刺时应用手遮掩住嘴巴，尽量用筷子夹住，再放到盛放骨、刺的碟子里边，千万不要吐在地上、桌上。如果席面上没有盛放骨、刺的专用盘子，可先轻轻地放在自己的食碟前端，然后让服务员帮助换一个布碟。

《礼记·曲礼》记有："羹之有菜者用梜，其无菜者不用梜。"意思是说，喝汤的时候，如果汤里有较大的汤料如菜叶时，应该使用筷子先食用这些较大的汤料，然后再用勺子喝汤，避免用勺子直接舀取较大的汤料。因为用勺子取食这种较大的汤料，如不慎会掉下来，将汤溅到桌面上或他人的衣服上。

吃米饭时，一定要身体坐直，将饭碗端起来，送到嘴边进食。切忌将饭碗放到桌上，一手下垂，身子伏在桌子上，嘴放到碗上食用。切忌人去"追"碗。喝汤、喝粥时，可以不将汤碗、粥碗端起来，但应一手扶住碗，一手持汤勺食用。

取菜时应注意的事项

现在饭店里的餐桌上一般都有圆形的玻璃转盘，菜肴放到上面，随着玻璃转盘的转动，菜肴转到每个人的面前。进餐时，到公用盘子里夹取菜肴时，一定要从自己面前的盘子中夹取，并应从盘子靠近自己的边上夹取，不要从盘子中间或另外的几面夹取菜肴。在从公用盘中夹取菜肴时，不要因为自己喜欢某道菜，便急速地推动转盘。要在盘子转到自己面前时，再去夹取菜肴。夹取菜肴时不能用勺子或筷子在菜盘子里挑来拣去。在公用的菜肴盘子里夹起来的菜肴绝不能再放回去。如果因为没有看清楚,夹取了自己确实不能食用的菜肴,也应放到自己的布碟中。由于一张席面上有多人共同用餐,所以在夹取菜肴时一定要做到相互礼让。每次夹取菜肴时首先要考虑其他人的需求,夹取的菜一定要适量。

尽量压低进食时的声音

用餐时应该做到一次进食不要太多,不要张开大口向嘴里塞食,要等到嘴里的食物咽下,再取食其他菜肴。

《朱子童蒙须知》里说道:“凡饮食于长上之前,必轻嚼缓咽,不可闻饮食之声。”这里说的是在长者之前进餐,要尽量轻嚼慢咽,嘴里不要出声。按照餐桌的礼仪要求,即使自己独自进餐,也应该闭嘴咀嚼,细嚼慢咽,不要出现狼吞虎咽、嘴中塞满了食物和大声咀嚼的现象。这种做法一是保持自己的品位,给人留下一种绅士风度;二是有助于保护自己的消化系统。

过去老北京地区的人吃炸酱面、打卤面时,最易发出声音。有人说这也是一种进食不文明的表现。这主要是因为中国人与西方人吃面条的方式不一样:中国人是用筷子夹起面条后,放到嘴边,靠一种吸吮的力量使面条进到口中,所以想做到一点声音都没有是绝对不可能的;并且,很多人还以此声作为食用炸酱面、打卤面的乐趣。但是现代社会,进食的习俗在发生着变化,所以在食用面条时,特别是在饭店进餐食用面条时,应尽量减轻进食的声音。

席间离席

在进餐过程中，自己如果需要暂时离席时，一定要尽量减少对他人的影响，悄悄去悄悄回。

如果身边长者、尊者也需暂时离席时，自己要主动站起来，帮助挪动餐椅，扶持长者。《蒙以养正》里说得特别形象："尊长出席，即立起身，不可痴坐，如木雕成。"长者离席，自己不管不顾，低着头在那儿只顾吃喝，这种行为是十分不礼貌的。

自己陪伴着至亲长辈前去参加宴请时，如长辈需要暂时离席外出，作为晚辈即使没有在同一席面上就餐，也应迅速起身，到至亲长辈身旁照顾一下，待其回到餐桌落座后，自己再返回座位。

前去参加聚会宴请时应提前安排好自己的时间，不要中途退出。如果因为某种特殊的原因必须中途离去的话，客人应在宴席正式开始前向邀请人说明情况，并表示歉意。在向邀请人告知后，在进餐过程中，到了应该离去的时间时，为了不影响大家的情绪，可以不和邀请人告别，只与相关的人打过招呼后悄悄离去即可。

食鱼时不要翻鱼

在食用整条鱼烹制的菜肴时，一般应请服务员将鱼拆开，取出骨刺以后再食用。如饭店里没有这项服务内容的话，一般在食用完鱼的一侧后，主人应该及时将鱼刺挑出，供大家食用另一侧。一般来讲，最好不要将鱼翻过来食用。特别是在沿海地区食用整条鱼烹制的菜肴时，由于沿海的人一般都忌讳“翻”字，所以千万不要将鱼翻过来食用。

食鱼时一定要小心仔细，如不慎被鱼刺扎到嗓子时，千万不要在餐桌前大声干咳、干呕，要迅速离开餐桌到房间外面处理。

第五节 讲究进餐时的卫生

餐巾的使用

就餐前，在展开餐巾时动作应小一点，轻一点，不可用力抖动餐巾。一般来讲，应在主人铺好餐巾后，客人再铺餐巾。

国外餐巾一般都放到腿上。现在国内的通行做法是将餐巾的一角压在布碟下，另外三个角自然下垂。到底采取哪种方法，取决于当时的环境，但有一条应该切记，那就是不要将餐巾的一角塞到衣服的领口里。

进餐过程中，如需擦去嘴上的残留物，可将餐巾拿起，轻轻地按按，擦掉即可。千万不要将餐巾取下来，大把地擦抹。家庭中进餐一般不使用餐巾。主人应为每位客人准备好餐巾纸。如没有准备餐巾纸时，客人应使用自己的手帕擦拭。用过的手帕要及时收起，不要放到餐桌上。

当自己感觉到嘴唇、嘴角上沾有食物时，一定要用餐巾和餐巾纸轻轻地抹去，千万不要用舌头去舔掉，或用手直接擦去。

进餐过程中要讲究卫生

餐饮过程中，要尽量避免咳嗽、打喷嚏或打饱嗝，如果控制不住时，必须及时转过身去，面向外侧解决问题，并且还要向两侧的人说一声“对不起”。

进餐时，如遇有需直接用手食用的菜肴，一般来讲，饭店中会准备一次性的手套，供客人使用。食用这种菜肴时可戴上手套，食用完毕后，摘下手套。手套用过后，绝对不能再次戴上使用。如条件允许的话，食用完后应到洗手间洗手，再回到餐桌前继续用餐。有的饭店为客人准备了水盂，供客人洁手。水盂中放有茶叶、柠檬片或玫瑰花瓣。洗手的时候，动作不宜过大，以免将水溅到邻席的客人身上。

稳妥地处理不卫生的食物

无论在饭店，还是在家中进餐，如发现菜肴中有异物时，千万不要大惊小怪，以免主人尴尬。在饭店中，应将服务人员叫过来，轻轻告知，将菜肴端走即可。在家中就餐时，可悄悄地告知主人将菜肴端走。总之，一定要控制在最小的范围内。如果自己吃到了不干净的、有异味的食物，应立即离席去处理，不要在餐桌前吐出食物。否则会让人感到不卫生，又使主人很难堪。

在告知服务员菜肴中有异物时，一定要心平气和，切切不要摆出一副得理不让人的架势。

正确去除口中的残留食物

进餐过程中或餐后，嘴里牙齿上有残留物时，尽量不要当众用牙签剔牙取出，最好的解决办法是离开餐桌，到卫生间里漱口，取出口中的食物残留。如果必须剔牙时，应该用一只手掩住口部，另一只手使用牙签剔牙。切不可用手指或用筷子入嘴，剔出残留食物。对剔出的残留食物不要随地乱吐，更不要放回嘴中，应使用餐巾纸将其掩好，放到适宜的地方。

不使用牙签的时候，嘴里千万不要叼着牙签。

公众场合尽量做到不吸烟

现代社会，在很多公共场合是不允许吸烟的。在饭店进餐的过程中，如果确实想要吸烟的时候，应该到允许吸烟的场所去吸，不要违反公共场所的相关规定。在家中聚餐时，也应该尽量不吸烟。如果吸烟，应该离席后到阳台等通风环境好一点的地方去吸。如果饭店的席面上允许吸烟的话，吸烟前一定要先和邻座打招呼，取得邻席的同意、谅解。

就餐过程中，如果有长者吸烟，晚辈应主动地为长者点烟。点烟时，应将打火机点燃后，再移到对方的面前为其点烟。千万不要在对方的面前直接打着打火机，因为打火机的火焰有时会过长，以免烧着对方。如果吸烟人较多，在为他人点烟时，要注意做到一根火柴点燃后，最多为两个人点着香烟后便灭掉。如还要为他人点烟的话，就应该再划燃另一根火柴。使用打火机也一样，一次打着后只能给两人点烟，再点烟就应该灭掉后再打着。这种习俗由何而来说不清楚。但在中国旧时有句俗语："三人不能同伙。"虽然这句俗语的由来，估计与点烟次数没有任何关系，但是目前"三人不能同伙"已经变为"三人不能同火"，已经成了社会上的一种约定的习俗，所以还是遵守为宜。

在席面上吸烟时，最忌讳的是向外吐烟时对着他人脸部。吸烟时，如邻席不吸烟的话，要尽量及时将烟雾挥散。

当然无论采取什么礼节，公众场合还是以不吸烟为好。

第六节 进餐时尊重其他人

尊重主人

《礼记·曲礼》有这样一句话："食至起，上客起。"意思是在餐饮过程中，凡是菜肴端上来的时候，客人一定要起立，表示尊重之意。在现代社会中，有些礼节在逐步地简化，如在饭店进餐时，服务人员上菜时，进餐人可以不起身了，只是用语言来表示感谢即可。但是如在家中相聚宴请时，这种形式还是应该存在的。当主人将菜肴端上餐桌时，客人还是应该站起来，至少应该欠身，并用语言表示尊重之意。

聚会宴请时，避免不了有晚到的客人。晚到的客人来时，作为主人必须起身上前表示欢迎。这时，同席面上的其他客人也应该站起身来，表示尊敬之意。即使年长的人，这时也应有所表示，否则会给对方一种过于傲慢无礼、倚老卖老的感觉。当然在长者起身致意时，无论主人还是晚到的客人，都应该及时上前扶持长者落座。

晚到的客人在落座后，一定要向大家表示歉意。

感谢主人的款待

到亲朋好友家中做客，一定要注意事事都应尊重主人的辛苦付出。对主人准备的菜肴，特别是主人亲自烹调的食物，要适当地给予夸奖。由于各家的口味不同，即使主人家做的饭菜不合自己的口味，也不应显示出不喜欢的情绪。

进餐过程中，遇到主人积极推荐的食物，自己应该热情地取回并品尝食用；即使自己对这道菜肴不是很喜欢，也不可对主人的推荐置之不理。确属因身体问题，或是自己禁食的，也应在感谢主人后，向主人说清楚。

在家庭聚会时，如果烹制菜肴的是主人的家人，那么应该尽量等着菜肴全部烹制后，与主人的家人一同上桌进餐。如果主人一再要求大家先行进餐的话，也应该给这位家人留出座位来。

《礼记·曲礼》有："让食不唾。"在席面之上，千万不要随意啐唾沫。特别是在他人为你布菜的时候，更不能出现这种情况。因为这样做的话，一是不卫生，二是容易引起其他人的误解。

《礼记·曲礼》有这样一句话："卒食，客自前跪，彻饭齐，以授相者。主人兴辞于客，然后客坐。”意思是，吃过饭后，客人应自己收拾好餐具，递给服务人员。主人应该让客人休息，不要亲自收拾餐具，这时客人再坐下。到朋友的家中聚餐做客，在聚餐结束时，应该主动地帮助主人收拾餐具，如主人一再阻止的话，就可以到旁边休息。

保持和谐愉悦的进餐氛围

宋朝陈北溪在《小学诗礼》里写道：“当食则不叹，让食则不唾。”意思是进餐时，无论自己内心有什么郁闷之事，都不要在吃饭时唉声叹气，以免影响他人进餐的情绪。

在家中接待客人时，为了使客人在聚会期间精神愉悦，必须为客人提供一个和谐欢乐的气氛。应该注意做到如下几点：

一是家庭成员中无论有何矛盾，在客人来到后都应暂时“停息战火”，使自己保持最佳状态招待客人。

二是家中如有小孩子，一定要提前做好教育工作。在客人来到后，千万不要当着客人的面申斥自己的孩子。如孩子确有不到之处，也应将孩子领到其他房间里，轻声细语地给予教育。

三是如家中养有宠物的话，一定要将宠物拴好，不要散在屋内。

在家庭日常就餐时，特别是有长者在场的话，必须要注意做到前面所说的这几点，避免引起长者的误解，确保一个和谐愉悦的就餐环境。

主客进餐的速度应基本保持一致

一般来讲，在桌上进餐，主人应该注意进餐的速度，要和大多数客人进餐的速度基本保持一致。主人吃饭速度太快，吃饱落筷后，客人即使没有吃好，也无法再吃了，只能落筷。同样道理，席面之上，客人吃饭的速度也应与大多数人保持一致。你一个人很快吃好了，落筷后坐在那里，也影响主人和其他客人进餐。所以，在席面上进餐时，无论主人还是客人，都要相互关照，相互体谅。即使自己已经吃饱了，但如果发现其他人中还有需要进食的，自己也应该继续慢慢地食用，避免给他人造成尴尬，没有吃饱就停止进餐了。

《礼记·曲礼》有一句话："共食不饱。"这句话并不是说，大家在一起吃饭时都不能吃饱。这句话的实际意思是说：在餐桌上就餐时，要注意关注长者、尊者和其他人的需求，如果感觉到席面上的菜肴、主食的数量较少时，自己应自觉地减少进食量。

进餐过程中要注意尊卑长幼有序

在开始进餐时，主人可最先拿起筷子，同时请客人也拿起筷子夹菜进餐。客人一定要注意，在主人没有动筷子前，自己最好不要动筷子。每一道新的菜肴端到餐桌上后，大家应主动将转盘转到长者的前面，如盘中有公用勺子，应先为长者布菜；如无公用勺子，应礼让长者先动筷夹取食物。在家庭中进餐时，新上来的菜肴应该先放到长者的面前。绝对不应该将新上来的菜肴放到孩子跟前。在吃饭过程中，要主动给长辈添饭、夹菜。遇到长辈给自己添饭、夹菜时，必须要道谢。如果家中就餐的桌子较大，作为长者也应该关心自己的晚辈，应主动提出将自己面前摆的新上来的菜肴挪到大家都方便夹取的位置。

照顾两侧的人

无论主、宾，在餐桌上进餐时都不能只顾自己，埋头大吃特吃；要注意关心自己两侧的人，尤其是两侧有尊者、长者或女宾时，更应该注意照顾。在吃主食的时候，要主动为他人添饭。

千万要注意的是，在准备为他人添饭的时候，一定要问对方："是否还加一点？"切不要问他人："您还要饭吗？""要饭"这个词，在中国传统习俗中是很忌讳的用语。

现在外出旅游、参加会议多吃团餐，一桌十人。由于大家多为一次性地聚在一起用餐，所以更应该注意席面礼节。作为家长、长者，一定要教育孩子树立正确的公共观念，要以身作则，给孩子做出榜样来。吃饭过程中，千万不要争抢，必须有君子风度。为了避免浪费，如果餐桌盘中的菜已不多，你又想把它"打扫"干净的话，应先询问同桌人，别人都表示不吃了，你才可以把它吃光。

尊客之前不叱狗

现代社会的一些家庭养有宠物。在家庭聚会期间，主人、客人都要注意两点。一是主人、客人都不要用餐桌上的菜肴喂食宠物。"毋投与狗骨"，否则容易引起误解。主人这样做，客人可能感到受到侮辱；客人这样做，主人会感到客人认为待客的饭菜不好。二是"尊客之前不叱狗"。这句话出自

《礼记·曲礼》。意思是说主人在客人的面前不能大声地轰赶宠物，否则有轰赶客人之嫌，容易引起客人的误解。同样，客人也不应该对主人家的宠物做出偏激的行为。如果你害怕宠物，可向主人讲清楚，让主人采取一定的措施。俗话说“打狗看主人”，如果对主人的宠物做出偏激的行为，容易引起主人的误解。

一般来说，在家中聚会时，主人最好应提前安排，将宠物暂时关到笼舍中，或存放他处。

第十章 席面饮酒

杜康造酒，古人今人一醉一陶然；
开怀畅饮，店里家中均须有节制。

第一节 酒文化

酒在中国已经有数千年的历史了。如果说古时“猿猴造酒”的说法还需探讨的话,《吕氏春秋》上记载的夏禹时代“仪狄造酒”还是可信的。因为在中国史前仰韶文化的许多遗址中都发现过精美的陶制酒具。仪狄相传是我国最早的酿酒人,生活时间大约在夏禹时代。有些文献中记载,仪狄是一位女性。也有的资料介绍,酒的制造方法是夏朝时的杜康发现的。民间一直流传着“杜康造酒刘伶醉”的说法。有些地区还流行着“酉不会客”的说法,这是因为杜康死于酉日,后人为了纪念他,酉日便不喝酒,酉日也不宴请客人。

◎ 宝鸡地区北首岭遗址中出土的红陶船型酒具

酒到底是如何发明的?晋代江统著的《酒诰》有这样的记载:“酒之所兴,肇自上皇,或云仪狄,一曰杜康。有饭不尽,委余空桑,郁结成味,久蓄气芳,本出于此,不由奇方。”看来酒的发明与我们的先人在容器中存放水果、粮食,时间长了自然发酵有关联。

当时的酒不是蒸馏出来的,应该说与现代的黄酒类似,所

◎ 郑州地区文河村遗址中出土的红陶双联壶

以酒精度数不会很高。蒸馏酒，也就是白酒，是从元朝才出现的。李时珍在《本草纲目》里说："**烧酒非古法也，自元时始创其法。**"不过随着考古的发现，中国人在南北朝的时候就已经掌握了蒸馏技术，可见当时就已经能够制造白酒了。

我们的先民懂得了造酒，使得人类的生活更加丰富多彩起来。亲朋好友相聚，举杯畅饮，是人生的一大快事。东汉时的曹操曾经说过"**何以解忧，唯有杜康**"，白居易也说过"**更待菊黄家酿熟，与君一醉一陶然**"。因此自古以来，在中国人的生活中，特别是酒宴之上，酒是必不可少的。俗话说得好："**无酒不成席。**"但是，美酒也是一把双刃剑，往大了说，可以亡国；往小了说，容易误事。《战国策·魏策二》记有："**昔者，帝女令仪狄作酒而美，进之禹，禹饮而甘之。遂疏仪狄，绝旨酒。曰：'后世必有以酒亡其国者。'**"这段话的意思是，舜帝的女儿命令一位叫仪狄的人酿制美酒，然后将酒献给了大禹。大禹饮了酒以后，下令禁酒，并说："**后世必有以酒亡其国者。**"并疏远了仪狄。这句话还真是让大禹说着了，其子孙夏桀后来亡国就是与喝酒荒淫无度有很大关系。

中国人做任何事情，都是讲礼、讲面的。席面之上的饮酒也是很有礼节文化的。宴请他人、与朋友聚会是人生的快事，而在宴会上饮酒则更是一件令人惬意的事。好友数人，浊酒一杯，举杯相敬，其乐陶陶。清代名士陈廷灿所著的《邮余闲记》中有这样一段话:“古者设酒原从大礼起见,酬天地,享鬼神,欲致其馨香之意耳。渐及后人,借此酬酢(zuò),亦以通殷勤,至欢欣而止,非必欲其酩酊酕醄(máo táo),淋漓几席而后为快。今若享客而止设一饭,以饱为度,草草散场,则太觉索然,故酒为必需之物矣。”陈廷灿的这句话,将席面上饮酒的快乐说得再明白不过了。

第二节 酒的种类

现在朋友聚会宴请、家中亲人团聚,经常喝的酒主要有白酒、黄酒、啤酒、果酒、保健药酒,等等。

酒的种类极多,但实际上所有的酒可划分为两大类。一类是白酒,一类是色酒。白酒的原材料多为粮食,多为蒸馏酒,酒精度含量较高。蒸馏酒也有使用水果作为原料的,如白兰地酒。色酒的原材料多为水果,为发酵酿制而成,酒精度较低。色酒也有使用粮食酿造的,如中国的黄酒、米酒。

中国的白酒又称为烧酒。之所以称为烧酒,估计是因为酒中的酒精含量较高,用火可以点燃。中国白酒的品牌多得数不胜数,但是按照类型划分,主要可分为酱香型、浓香型、清香型、米香型等几大类型。

酱香型白酒中,最有代表性的就是贵州省茅台镇出产的茅台酒。浓香型白酒中,最有代表性的有四川省出产的五粮液和泸州老窖等。名扬天下的北京“二锅头”酒也应该算是浓香型的白酒。清香型白酒中最有代表性的有山西省出产的汾酒和河北省出产的衡水老白干等。米香型白酒多为南方生产的白酒，是使用大米为原材料酿制的白酒，最有代表性的是广西的三花酒。

中国白酒中的“名酒”太多了，缺乏一个统一的评判标准。目前北京地区社会上公认的高档白酒有：茅台、五粮液、泸州老窖、国窖1573、水井坊等。中国地域辽阔，每个地区人的口感不一样，一个地区喜欢一种白酒。北京地区得到广大酒类爱好者一致好评的，是价廉物美的绿色玻璃瓶的红星二锅头。

色酒中最主要的有黄酒、露酒、葡萄酒和药酒。

黄酒使用黄黍米酿制而成。最有代表性的是南方浙江绍兴出产的花雕酒和北方山东即墨出产的即墨老酒。南方人比较喜欢饮用黄酒，北方人喝黄酒的较少。黄酒在北方地区都作为烹饪菜肴时的调料，所以也被称为料酒。

葡萄酒是使用新鲜的葡萄或葡萄汁经过发酵酿制而成的，内含有低度酒精。葡萄传入中国已经有两千多年的历史了。估计从葡萄传入中国后，其酿酒的技术也同时传入中国了。旧时多有吟诵葡萄美酒的诗句，但最脍炙人口的应属唐代著名诗人王翰所写的《凉州词》：“葡萄美酒夜光杯，欲饮琵琶马上催。醉卧沙场君莫笑，古来征战几人回？”中国古时虽可以酿制葡萄酒，但是现代意义上的葡萄酒应该是在清末由西方传入的。葡萄酒一般分为红葡萄酒和白葡萄酒两种。红葡萄酒是使用带皮的鲜葡萄酿制而成的，白葡萄酒是使用葡萄汁酿制而成的。葡萄酒中有干红、干白葡萄酒。这种干葡萄酒主要是酒中所含的糖量（葡萄糖）小于或等于4.0 g/L。一般的葡萄酒所含的糖量(葡萄糖)在 50.0 g/L 左右。北京地区较流行的葡萄酒,就是长城系列的干红葡萄酒。

北京地区还有使用白酒作为酒基的露酒,最有代表性的是“莲花白”。历史上,此酒使用高粱制成的白酒为酒基,采集昆明湖里的白莲花蕊及数十种名贵药材,通过各种工艺酿制而成。北京地区还有一种“桂花陈酒”。这种酒是用优质的白葡萄酒作为酒基,用苏州、杭州生长的金桂上的含苞初放的桂花作为添加香料,密封发酵而成。莲花白和桂花陈酒据说都是原清宫中的御用酒。

药酒多为保健酒。多使用白酒作为酒基,加入其他添加物,通过特殊工艺制成。北京地区最有名的药酒是同仁堂的虎骨酒。由于近些年来老虎被列为濒危动物,国家已经保护起来了,所以这种酒已经禁止生产了。药酒可以自制。人们可以购买白酒后,在酒中放入人参、鹿茸、灵芝、枸杞、冬虫夏草等有滋补作用的药品。密封一段时间,即可开瓶饮用。一些饭店中也自制保健酒,多为蛇胆酒、蛇血酒、鳖胆酒,等等。一般来说,除了在专门的特色餐厅中以外,很少有人喝这种酒。

啤酒是在 19 世纪由西方传入的。在北京地区,大家喜欢的啤酒有燕京啤酒、五星啤酒等。

第三节 席间敬酒

敬酒有序,主次分明

席面之上,一般来讲应该是主人首先敬酒。头一杯酒主人应该是向全体出席宴会的客人敬酒,然后再逐位地给客人敬酒。敬酒时一定要考虑好敬酒的顺序,要考虑到客人的长幼、尊卑,要主次分明。如果纯属朋友之间聚会,敬酒时可以在向两侧客人敬酒后,按照顺时针方向依次敬酒。敬酒时必须要做到依次敬酒,不可越“门”而过。敬酒也需要做到尊重长者。一个席面上,有的客人与主人的交情较深,有的客人在业务上对主人有很大帮助,但只要在场的客人中有更年长的人,就必须要先给尊者、长者敬酒;然后再按照顺序给席面上的其他客人依次敬酒。对交情较深或对自己有很大帮助的客人,为了表示自己的感谢之意,可以在按顺序敬酒后,再单独向这些客人敬酒。

作为客人,在席面之上不可喧宾夺主,先于主人敬酒。一定要在主人敬酒以后,再起身向主人和其他客人敬酒。敬酒时可以独自进行,也可以相邀他人共同前往。

敬酒时的礼节

主人敬酒是聚会宴请的开端。主人举杯相敬时，作为客人应举杯，与主人碰杯后，视情况或浅酌，或干杯。不会喝酒的客人，可以拿起饮料杯子与主人碰杯。

在中国传统文化中，碰杯时，双方杯子的高低是有一定讲究的。敬酒时，主动地将自己的酒杯低于对方的酒杯，是为了表示自己尊重对方；如果自己的酒杯与对方的酒杯平行，是表示相互尊重，在特定的环境中，是表示双方的地位相等；当对方将酒杯低于自己的酒杯时，如果对方是自己的晚辈、下级，自己可以接受，但必须致谢。当长者、尊者给自己敬酒，双方碰杯时，应将自己的杯子低于对方的杯子，以示尊敬。敬酒时，应双手端起酒杯，也就是一手拿着杯体，一手托着杯底。

周恩来总理的个人修养极佳，在宴会上向别人敬酒时，一般都将自己的酒杯放在低于对方的位置，以示尊重他人。但是在 1972 年美国总统尼克松来访时，周总理敬酒时，为了表示双方的国际地位相等，总理的酒杯是与尼克松的酒杯相平的。当然，周总理这一举动的含义应该说是极富中国传统文化内涵的，不知秉承美国文化的尼克松先生能否领会。

主人敬酒后，席面上所有的人都可相互敬酒，但也应注意到长幼尊卑。一般情况下，应该是酒席面上的长者、尊者先敬酒，然后按照约定俗成的惯例，大家再顺序敬酒。

敬酒时无论对方的身份高低，除了坐在自己旁边的朋友外，都应站起来走到对方跟前敬酒。当他人前来给自己敬酒时，自己也必须站立起来与对方碰杯，接受对方的敬意。前去给长者、尊者敬酒时，必须双手执杯。《礼记·曲礼》记有：

“侍饮于长者，酒进则起。拜受于尊所，长者辞，少者反席而饮，长者举未釂，少者不敢饮。”这句话的意思是陪同长者、尊者饮酒，看到他们为自己斟酒时，必须马上站立起来。长者、尊者举杯向大家敬酒时，自己不能先喝，必须等着他们将杯中的酒喝完后，自己才能将酒喝下去。如果长者、尊者向大家敬酒时，只是稍稍地喝一小口，自己也不能将杯中的酒喝干。

饮酒应适量

酒作为一种交际媒介，是聚会宴请时席面上待客的必备饮料，扮演着促进情感沟通的重要角色。中国有句俗语：“酒越喝（感情）越厚，钱越赌（感情）越薄。”适当饮酒不但可以沟通双方情感，还可以增进相互的友谊。就身体健康而言，适当地饮一些白酒，会起到散寒、舒筋、活血的作用；饮用适量的红酒，有利于睡眠；适量饮一些药酒可以养阴补气、活血化瘀。所以适当饮酒对身体是有一定益处的。

人喝适量的酒以后，在酒精的刺激之下，大脑异常活跃，情绪亢奋。这时人的思维敏捷，很利于艺术的创作；行为豪放，会做出一些平常不敢做的事情。中国古代流传下来的许多文人故事都与喝酒有关。杜甫在《饮中八仙歌》中，描写了唐朝时李白、贺知章、李适之、李琎、崔宗之、苏晋、张旭、焦遂等八位文人士大夫饮酒后的情景：“知章骑马似乘船，眼花落井水底眠。汝阳三斗始朝天，道逢麹车口流涎，恨不移封向酒泉。左相日兴费万钱，饮如长鲸吸百川，衔杯乐圣称避贤。宗之潇洒美少年，举觞白眼望青天，皎如玉树临风前。苏晋长斋绣佛前，醉中往往爱逃禅。李白一斗诗百篇，长安市上酒家眠，天子呼来不上船，自称臣是酒中仙。张旭三杯草圣传，脱帽露顶王公前，挥毫落纸如云烟。焦遂五斗方卓然，高谈雄辩惊四筵。”《水浒传》中武松打虎的故事也是在酒精刺激之下发生的。武松过景阳冈之前共喝了十八碗酒，书中写道：“武松乘着酒兴，只管走上冈子来。”然后才发生了空手打死老虎的故事。

正因为酒精刺激会使大脑异常活跃，胆子加大，所以一些平日里十分注意自己行为举止的人，在酒精的作用下会失去对自己的控制，出现大声喧哗、词不达意、双方发生争执等“酒后无德”的失礼行为，会做出一些令正常人无法理解的反常举动。更为严重的是，由于饮酒过多，造成酒精中毒，会使饮酒人出现手脚颤抖、吐字不清、大脑短时间丧失记忆的现象。

清代陈廷灿在《邮余闲记》中说过，席面上没有酒“太觉索然”，“但会饮当有律度，小杯徐酌，假此叙谈，宾客之情通而酒事毕矣，何必大觥加劝，互酢不休，甚至主以能劝为强，客以善避为巧，竟能争智之场，又何有于欢欣哉”。周作人在《关于酒诫》中记载了一段“大智度论”中的五言偈，这首偈语对醉酒的危害说得十分清楚：“酒失觉知相，身色浊而恶。智心动而乱，惭愧已被劫。失念增瞋心，失欢毁宗族。如是虽名饮，实为饮死毒。不应瞋而瞋，不应笑而笑，不应哭而哭，不应打而打，不应语而语，与狂人无异。夺诸善功德，知愧者不饮。”一位现今社会的名人在其自传中写道，由于自己年轻时“纵酒使性”，感到对不起自己的前妻。他说，有一次我喝多了，忘了什么事有点生气，便跟××（这位名人的前妻）拌起嘴来。××开着车，到三元立交桥上时，我竟要拉车门跳下去。几番折腾终于到了家，一进大院却又不进楼门，还高呼：“这不是我的家！”至今，我也不明白，我怎么会说出这样让××伤心的话来。

由于喝酒会使人神经亢奋，失去对自己的控制，甚至做出一些有悖常理、酒后乱性的事情，所以宴请聚会时，如果席面上有女同志，男同志决不应该过分地劝女同志饮酒。同时，女同志为了自身的安全，席面之上，必须自制，不应该过度饮酒。

对年长之人，或有心血管疾病的人也不应该过度劝酒。因为这些人如果饮酒过度，会引发心血管病的发作，严重的甚至会出现猝死。据某报的报道：某省一个全国闻名的村子，其党委书记为这个村子的第二次腾飞做了大量工作，其成绩有目共睹。但是就因为这位书记平日里为了拉关系，跑项目，过度地饮酒，最后猝死在工作岗位上。

社会上流行的说法是，喝大酒的人多是性格豪爽的人，敢于喝大酒的人好交往。这种说法有些偏颇。酒席上过度饮酒，饮酒后失控闹事的现象会使席面上的其他人很尴尬，对一个人的整体形象有着很负面的影响。通过宴请聚会上的饮酒表现，能够看得出一个人的自制能力，能够看得出一个人的道德修养，能够看得出一个人的整体素质。

过量饮酒会使人失去自我控制，出现失礼的行为。那么宴会上喝多少酒为适宜呢？应遵循两条标准。一是喝酒的量，应控制在以不失态为宜。《论语 · 乡党第十》说："唯酒无量，不及乱。"《朱子童蒙须知》也说道："凡饮酒，不可令至醉。"二是喝酒的最上限，要以饮酒后还能够处理事情，以不影响第二天工作为宜。《礼记 · 乡饮酒义》也说道："饮酒之节，朝不废朝，莫不废夕。"

劝酒必须适度

席面之上，朋友之间相互敬酒是必需的。有时为了调节气氛，相互劝对方多饮一些酒也是可以理解的。中国传统席面文化中，主人总想让客人尽兴，总想让客人多喝一点酒，以尽自己的主人之谊。客人喝得越多，席面上的气氛越热烈，主人就越高兴，认为这是客人看得起自己；如果席面上的客人都不喝酒，或喝得很少，主人会觉得没面子。客人也是如此，为了感谢主人的款待，频频向主人敬酒。

在中国北方一些地区，由于传统风俗所致，宴请客人时，如果客人不喝醉了，似乎主人便缺乏招待客人的诚意。因此在宴会上“打酒官司”，想尽一切办法，也要将对方灌倒。这种习俗充分体现了中国人的好客之情，也能够充分体现出中国人的淳朴古风，但是这种习俗与现代文明社会不相吻合，已成为一种不合时宜的风俗。特别是随着社会文明程度的提高，聚会宴请时喝酒应该适可而止，强行劝对方喝酒的习俗已经成了一种缺乏修养、素质较低的表现。

中国席面上还有一个传统，就是宴会一开始，主人总是提议先干白酒三杯。这个习俗对人的身体是有损害的。一般来讲，宴会开始时，大家都是空腹，而空腹饮进烈性酒后最容易刺激胃黏膜，引起各种胃部疾病。正确的做法是主人在举杯向客人敬酒时，大家象征性地喝一点酒即可。大家应该先吃一点食物后，再相互敬酒、劝酒。这样做能够保护胃部不受刺激。

酒席之上，有人讲：喝酒后脸色发白的人酒量大，能喝；脸色发红的人酒量小，不能喝。实际上，喝酒后脸白的人并不一定酒量大，脸红的人并不一定不能喝酒。因为有关研究发现，酒精进入人体内，需要肝脏中的高活性的乙醇脱氢酶、乙醛脱氢酶进行分解。喝酒后脸色发红的人，是由于其体内有高效的乙醇脱氢酶，能迅速将血液中的酒精转化成乙醛，而乙醛具有让毛细血管扩张的功能。乙醛使人体毛细血管迅速扩张,会引起脸色泛红现象。越喝脸越白的人则是由于肝脏内缺乏高活性乙醇脱氢酶和乙醛脱氢酶,所以无法迅速分解酒精。所以说,在席面上单纯依靠脸白、脸红来判断一个人酒量的大小是不科学的。现在席面上多说白脸的能喝,红脸的不能喝,其实正相反。红脸的人多数比白脸的人酒量大,并且酒精分解较快,也就是说醒酒较快。一般来讲,凡是喝酒后大量出汗的人,无论脸白还是脸红,酒量都较大。因为酒精在人体内被肝脏中的酶迅速分解后会产生大量的热量,如果一个人饮酒后能够大量地出汗,酒精便可以迅速地挥发掉,减少对身体的损害。

如果客人中出现了喝酒过量的人,可以给他喝一些蜂蜜水,因为蜂蜜中含有一种特殊的果糖,可促进酒精的分解与吸收,减轻醉酒的症状。还可以喝一些西洋参制品,如鹰牌西洋参冲剂,可以调节体内机制,补气养阴,减少酒精的危害。喝浓茶可以减轻醉酒的症状,但是由于喝茶后利尿,会增加醉酒后对人肾脏的负担,所以酒后还是应该适量饮用茶水。有人在醉酒后,喜欢食用山楂罐头,以酸来解酒,这是不可取的。因为山楂的皮较硬,到胃中会刺激胃壁,引发胃部的严重不适。

现在社会上较文明的饮酒,一是不强行劝酒,以对方自愿为主,以品尝为主;二是宴会上不饮用烈性白酒,以红酒或啤酒为主;三是以其他饮料代酒。俗话说得好:“只要感情有,什么都是酒。”

喝酒时最好不要谈业务工作

每一次的宴请相聚都是有目的的,即使是家人的相聚也是为了保持相互之间的亲情。但是席面之上不能以宴请目的为话题，否则的话，即使大家没有感到赴宴如赴“鸿门宴”，至少也会感到很俗气。公务宴请中更应该注意这一点，不应该在席面上大谈生意。宴请确实是为了达到某个业务目的，但在进餐过程中也不要过多地谈论这些事情。席面之上，如果双方饮酒以后，更不要谈生意。因为饮酒后，双方在酒精的刺激下，情绪亢奋，此时双方交谈涉及业务往来的事情，会产生两种可能：一是在酒精刺激之下，什么事情都敢答应，但是第二天恢复过来之后，将这些承诺都忘记了；二是在酒精刺激之下，胆量极大，北京有句老话“酒壮尿人胆”，一句话不投机，极容易引起一些不愉快的事情。所以席面之上，如果真的发生这样的事情，其结果不但会影响双方的业务往来，有时还会影响到朋友之间的感情。

第四节 酒令

席面之上，在饮酒者之间，为了相互劝酒，增进感情，联络友情，营造气氛，有时还会相互行酒令。酒令实际上是席面之上一种饮酒时的助兴游戏，用酒令博出输赢，输者被罚饮酒。

酒令的历史与酒的历史同样长远，据说起源于西周。中国传统的酒令形式很多，或轮流说诗词，或相互联语，或做一些游戏。

联诗作句的酒令较高雅，被称为“雅令”。这需要具备较深的文化知识，所以这种酒令旧时多在社会上层、文人士大夫之间流行。《红楼梦》第四十回描述贾母游览大观园后，酒席宴上鸳鸯为令官行的酒令就是雅令。这种酒令使用骨牌为令面，说出相应的一句诗词或俗语。书中写道：

鸳鸯道：“如今我说骨牌副儿，从老太太起，顺领下去，至刘老老止。比如我说一副儿，将这三张牌拆开，先说头一张，再说第二张，说完了，合成这一副儿的名字。无论诗词歌赋，成语俗话比上一句，都要合韵。错了的罚一杯。”众人笑道：“这个令好，就说出来。”鸳鸯道：“有了一副了。左边是张‘天’。”贾母道：“头上有青天。”众人道：“好。”鸳鸯道：“当中是个‘五与六’。”贾母道：“六桥梅花香彻骨。”鸳鸯道：“剩得一张‘六与幺’。”贾母道：“一轮红日出云霄。”鸳鸯道：“凑成便是个蓬头鬼。”贾母道：“这鬼抱住钟馗腿。”说完，大家笑着喝彩。

雅令中还有一种“射覆”酒令，实际上就是猜谜语。“射”为出谜语，“覆”为猜谜底。《红楼梦》第六十二回，大观园众姊妹在红香圃为宝玉等人过生日时行的酒令就是“射覆”酒令。当时大家玩的是猜字谜，书中写道：“宝琴想了一想，说了个‘老’字。香菱原生于这令，一时想不到，满室满席都不见有与‘老’字相连的成语。湘云先听了，便也乱看，忽见门斗上贴着‘红香圃’三个字，便知宝琴覆的是‘吾不如老圃’的‘圃’字。”

在中国民间流行的酒令多为“通令”。这种酒令游戏性很强，如古时的“投壶”。也就是在屋中摆上一个细高的铜壶，取几支作战使用的箭，席面上的饮酒者依次将箭投向壶内，箭投入壶里多的人为胜者，投得少的为输家，输家受罚饮酒。现在社会中(北方地区)流行较多的酒令一种是划拳行令。旧时这种酒令也称为“拇战”。划拳行令是在两个人中间进行的。两人同时说出一个数字,并伸出数个手指,两人伸出的手指数相加后,与谁说的数字相吻合,谁为胜者,输家罚酒。还有一种是“相生相克”的酒令游戏。这种游戏也是在两个人之间进行。两人各执一根筷子,相互撞击之时,说出“棒子、老虎、鸡、虫”其中一种。按照棒子克虎,虎克鸡,鸡克虫子,虫子克棒子的规律,输家喝酒。还有一种是“数七”的酒令游戏。这个酒令游戏全桌人都可以参加。以一人(酒令官)起头说出数字1,然后席面上的人按照顺时针方向,顺序说数字2、3……轮到应该说7或7的倍数,或带有7的数字时,不能将数字说出来,应以掌击桌,下面人接着说,错者罚酒。席面上行通令时较喧闹,略显粗鲁。

介于雅令、通令之间还有使用令筹行酒令的游戏。即用竹子等物做成令筹,令筹上写有文字。将令筹放在桶中,行令时或依次,或利用骰子指定某就餐者抽出一枚令筹,按照上面所述的文字要求来做出一定的行为举动。《红楼梦》第六十三回描写的怡红院“群芳开夜宴”时行的酒令就是这种令筹酒令。“晴雯拿了一个竹雕的签筒来,里面装着象牙花名签子,摇了一摇,放在当中。又取过骰子来,盛在盒内,摇了一摇,揭开一看,里面是六点,数至宝钗。宝钗便笑道:‘我先抓,不知抓出个什么来。’说着,将筒摇了一摇,伸手掣出一签,大家一看,只见签上画着一支牡丹,题着‘艳冠群芳’四字,下面又有镌的小字,一句唐诗,道是:任是无情也动人。又注着:‘在席共贺一杯,此为群芳之冠,随意命人,不拘诗词雅谑,或新曲一支为贺。’众人都笑说:‘巧的很,你也原配牡丹花。’说着,大家共贺了一杯。”

第五节 饮料

宴会进餐过程中，除了饮酒之外，一些不会喝酒的朋友应将自己跟前的杯子里倒入饮料，以备相互敬酒时使用。

现代社会中，一般宴会上的饮料多为可乐类饮料、果汁类饮料和茶水。可乐类饮料为碳酸饮料。碳酸饮料的内含成分有二氧化碳，所以在饮入碳酸饮料后，随着二氧化碳的排除，可以带走人体内的部分热量，能够起到祛暑清凉的作用。但据说过多饮用碳酸饮料会使胃部胀气，影响食欲；会使体内的钙质流失，影响身体的健康；并且由于碳酸饮料中糖分较高，容易使人发胖，增加肾脏的负担。所以在餐饮过程中，不宜过多喝碳酸饮料。果汁类饮料中有鲜榨果汁和桶、瓶装的果汁。适当饮用果汁可以帮助消化，补充身体必需的营养成分。由于桶、瓶装果汁饮料中或多或少含有人工添加剂，所以在条件允许的情况下，最好还是饮用鲜榨果汁。无论何种饮料，餐饮过程中都不宜过多地饮用，以免影响正常的进食。

现代社会中患有痛风病的人较多。这种人可以多喝一些碱性饮料，借以达到身体内的酸碱平衡，所以餐桌之上可以喝苏打水。

现在北京城里有一些饭店，向客人提供酸奶、豆浆、玉米汁、酸梅汤等自制饮料。吃饭时用酸奶、豆浆、玉米汁做佐餐饮料，对进食、消化有益还是无益需要由专家确定；酸梅汤作为佐餐饮料应该说对进食、消化还是有帮助的。特别是夏天，饮用冰镇的酸梅汤确可解暑。

席面之上，无论饮酒还是不饮酒，在有条件的情况下，每位就餐者都应该准备一杯矿泉水或茶水。因为这两种饮料自身没有味道或味道较轻，饮用后，有助于清洁口腔，使进餐者能够更好地品尝各种菜肴的味道。

第十一章 餐后礼节

就餐结束仍需悉心招待，
有始有终不能虎头蛇尾。

第一节 就餐结束

餐后水果

一般来讲,当宴请接近尾声时,席面上应有一道水果。饭店中宴请时,只要上了水果就意味着宴会很快就要结束了;家庭中宴请时,水果可以在撤下席面后再上。

现代社会中,饭店里所上的水果多为大众化的、较廉价的水果。特别是冬季,所上的水果多为大路货,有时还会有反季节水果,如一些饭店在冬天的水果盘中也摆上西瓜。

这种在冬天的水果盘中也摆上西瓜的做法,不符合中国传统的饮食习俗。前面已经说过,中国传统饮食中,十分讲究“不时,不食”。西瓜属寒性水果,中国历史上曾经称西瓜为寒瓜。在《梁书》中记载的“觅瓜奉母”的故事,说的是南昌人滕昙恭的母亲生了一种热病,想吃一种叫寒瓜的瓜。昙恭四处寻找,没有找到。后遇仙人赠寒瓜,滕昙恭捧瓜奉给母亲。故事中所说的“寒瓜”,实际上就是西瓜。李时珍在《本草纲目》中指出,西瓜又名寒瓜。西瓜能够清热解暑利尿,可以养颜美容,好处多多。但是西瓜属性寒,即使在夏季,多食西瓜对人的脾胃也是无益处的。吃得过多有“伤脾助湿之害也”,

甚至有记载说，夏天吃西瓜过多，会在秋天引发腰腿疼。所以脾胃虚寒和湿气过大的人不宜多食西瓜，寒极冷痛或小便频数者慎食。冬天吃西瓜对人体更无益处。

《随园食单》也有类似说法："所谓四时之序，成功者退，精华已竭，褰裳去之也。"在家中，餐后请客人吃的水果最好是应季的水果，要争取做到食物"四时有序"。反季节的水果尽量少吃。如北京地区，冬天应以苹果、橘子、柚子等为主；夏天则以西瓜为主。

就餐后付账

主人在付账之前，应该询问一下客人是否还需要增添些食品。在主人付账以后，客人如果没有什么特殊的需求，不要再向服务员索要食物了。

餐后付账时，主人不要将服务员叫到餐桌旁付账。主人或亲自，或提前委托他人到饭厅外找服务员付账。

主人如在餐桌前付账时，客人不要过问席面的价格。坐在主人旁边的客人不要窥视账单。主人在餐桌前付账时，如果发现菜肴价格、数量与菜单所注和席面菜肴不符时，不要当着客人的面，与服务员发生争执。此时，主人应将服务员领至饭厅外面询问，解决问题。

为了避免外出付账时冷落客人，主人可在餐前委托好他人帮助自己付账。

宴会的结束

天下没有不散的筵席。"千里摆长宴，终有一散。"

在饭店就餐时，每人都有餐巾。当自己吃饱后，为了表示自己已经吃好，不再进餐了，可以将自己使用的餐巾叠好后放到桌上。叠餐巾时应该注意的是，不要将餐巾的污处叠放到外边。也可以将餐巾下垂的三个角折叠起来，压在盘子的下面。主人如有上述两个动作，则是表示宴请已经结束了。一般来讲，只要主人询问大家"是否还需要加点什么"的时候，也就是在表达宴会是否可以结束的想法了。客人听到这种询问时，应主动提出结束宴会。

当就餐结束时，在主人及长者、尊者站起来后，其他客人也应该跟着站立起来，但是在他们没有离开餐桌前，其他客人不要离席。应该等到主人与尊者、长者离开餐桌后，自己再离开。

提倡节约，反对浪费，吃不了"兜"着走

参加聚会宴请时必须提倡节约，反对浪费。在饭店宴请时，主人点菜时要注意菜量的大小；在家中宴请时，准备菜肴一定要掌握整体数量。进餐人在进餐的过程中应该厉行节约，只要夹取到自己布碟中的菜肴，就应全部吃掉，绝不能将自己布碟中的菜肴和盛在碗里的主食浪费掉，包括倒在自己杯子中的饮料、酒也应该全部喝掉。一句话，席面上不应该剩饭、剩酒、剩饮料。

在饭店宴请时，当宴请结束后，如果席面上剩菜较多，应打包带回，"吃不了兜着走"。公务宴请时，邀请人应留下身边的工作人员，在客人走后将剩下的菜肴打包带走。私人宴请时，可劝朋友将自己喜欢的菜肴打包带走，其余的自己打包带回去。

中国传统文化中有一种值得大家认真琢磨的理念，这就是人的一生中必须要有“惜福”的理念。曾担任过中华民国北洋政府总理的王士珍是河北正定人。他在正定老家的宅子中有这样一副对联，上联是：求名求利只求己莫求人。下联是：惜衣惜食非惜财实惜福。这副对联说出了人生的哲理。虽然有些人可能认为这种“惜福”的理念太陈旧了，或说其中有唯心论的成分，但是这种“惜福”理念中，确有一些值得世人琢磨的道理。

一个人对任何物品都应该珍惜，特别是对吃食之物，绝对不应该浪费。“锄禾日当午，汗滴禾下土。谁知盘中餐，粒粒皆辛苦。”这首诗是许多孩子从小就会背诵的，但是一个人的头脑中，真正树立起诗中所说的这种思想恐怕是件十分不易的事情。读过吕近溪《小儿语》的朋友都知道其中的一段话：“乞儿口干力尽，终日不得一钱。败子羹肉满桌，吃着只恨不甜。富家一席酒，贫汉一年粮。不可不知。”虽然现代社会大家已经吃穿不愁了，但是注意节俭的优良传统还是应该传承下来。“一粥一饭当思来之不易，半丝半缕恒念物力维艰。”

平日里，我们在家中进餐时，也必须要注意做到这一点。每次吃饭后，要将餐盘中剩的菜肴收好，在下次吃饭时重新加热后吃掉。这里有一点需要注意：剩菜、剩饭在加热后，应自己食用，不要让家中的长者食用。每餐饭应尽量给长者做新鲜的饭菜。

实际上，那种在饭店聚会宴请客人时，以席面上剩下了很多的美味佳肴来显示自己的财力、派头的做法，是一种让旁观者嗤之以鼻的做法。说得刻薄一点，这是一种心理不健全的体现，是自卑、虚荣心理所致。一个心理健康、充满了自信的人是不可能做出这种事情的。我记得曾经看过这样一篇文章，说的是启功先生正在家中与作家陆昕闲谈，二人吃芦柑。启功先生的芦柑刚吃到一半，家中又来了客人，启功先生便把吃剩的半个芦柑放到茶几上。陆昕帮助收拾，将茶几上的一些杂物和这半个芦柑扔到了纸篓里。客人走后，启功先生又到纸篓里将这半个芦柑捡回来，用水冲干净后接着吃掉了。如此大家，如此节俭。不知那些浪费掉满桌菜肴的人，看过这段故事后，是否会脸红。

家庭聚餐应帮助收拾餐桌

《礼记·曲礼》说道："卒食，客自前跪，彻饭齐，以授相者。主人兴辞于客，然后客坐。"意思是吃完饭后，客人应该主动地帮助收拾餐桌上的餐具。但是，如果主人再三请客人不要客气，让客人休息的话，客人便可以坐下。

客人与主人的这些表现都是一种真诚的表示。客人觉得聚会宴请已经有劳主人了，愿意在餐后帮助收拾收拾餐桌；主人则真心地希望客人能够在自己的家中休息好。其实，目前社会上有一种对青年人过于宠爱的风气。如果客人是青年人，主人应该让这些青年人帮助收拾收拾餐桌，这实际上也是对青年人的一种爱护，是让他们人补上礼节课的一次机会；青年人也应该主动地做一些家务活，用自己的行动来实践民族的传统礼节。当然，如果客人年龄较大，就另当别论了。

不可当着客人的面扫地

一般来讲，聚餐过程中，无论就餐者如何注意，肯定还是会有一些东西掉到地面上，这是不可避免的。地上有脏物确实应该及时清扫，但是这种清扫中也应该注意相应的礼节。中国的传统文化中有一句俗语："扫地出门。"意思是将不好的东西打扫出去。正因为如此，当着客人的面扫地是十分不礼貌的举动。《礼记·曲礼》有这样一句话："凡为长者粪之礼，必加帚于箕上，以袂拘而退，其尘不及长者，以箕自乡而扱之。"这句话虽然不是说朋友聚会后扫地的礼节，但是用在这里还是比较合适的。

现在有一些饭店，在这方面没有对服务员进行很好的教育。本来饭店中卫生清洁工作应该在客人都走了以后再进行，但是有些饭店中，服务员为了下班后能及时回家，便在上班时间内打扫卫生。这时宴请可能已经结束了，但是客人还没有全部离开饭厅，在这个时间打扫卫生，是一种极不礼貌、极不尊重客人的做法。

在家中聚会时，主人应提前将屋内打扫干净，客人来了以后，尽量不要扫地，否则就有轰赶客人之嫌。如果聚餐后地面太脏了，应向客人表示歉意后再扫地。扫地时必须要注意，不能像平日里那样大动作地扫地。笤帚苗不要离开地面，实际上是轻轻地向前推移脏物；笤帚扫地的方向不要对着客人；客人面前的脏物大致扫干净即可，在客人面前停留的时间不要过长；清扫出的垃圾应推移到离客人最远处，再用簸箕撮起。

照顾好长者

无论在饭店宴请，还是在家中日常就餐，无论在就餐过程中，还是在就餐结束时，都要照顾好老人、长者。特别是在较长时间餐饮后，在老人、长者起身离席时，旁边的年轻人应该搀扶一下，帮助他们站稳，并且应该帮助挪开座椅，使之行走方便。

在家中就餐时，如果老人吃好后想离开餐桌时，作为年轻人，即使还没有用完餐，也应该先搀扶老人离开餐桌，送老人到休息的地方后，再回餐桌继续就餐。

其他

宴请结束时，主人、客人可以相互留影，作为纪念。

在一些高档饭店中，席面上摆放的菜单制作得十分精美。宴会结束时，有收藏爱好的主人或客人可以将此作为收藏品。收藏人可以请参加活动的诸位嘉宾在菜单上签名作为纪念。

第二节 送客

在饭店宴请活动结束后，客人在稍事休息后，应主动向邀请人提出告辞。《朱柏卢治家格言》就说过“宴客切勿留连”。

主人在送客时，应站在饭厅门口，将客人一一送走后，自己才可最后离去。辞别之时，主人应对客人的到来再次表示感谢，对宴会中的一些不周之处表示歉意。客人也应在离开前，再次向主人表示感谢之情。在与主人告辞的时候，客人不要与主人长时间谈话，以免妨碍主人礼送其他客人。

对客人中的长者、尊者，主人应将他们送到饭店门外。但应该注意的是，在亲自送长者、尊者的时候，不要冷淡其他客人。

参加较大型的典礼宴请，如果邀请人忙于应酬，客人可以不与主人亲自道别，但是应该与同席面的其他客人告别，同时请他人转告对主人的感谢之情，然后方可离开。客人如果在离开时，与同席面上的其他人不打招呼，不声不响地离去，这种做法是极不礼貌的。

在朋友家中聚会时，当聚餐结束后，客人可按照主人的安排，或稍事休息，或进行其他活动。

客人在主人家中进行其他活动时，主人如有倦意也应尽量避免在客人前显露出来，以免使客人误认为主人是在逐客。如果客人看到主人露有倦意时，应主动告别离去。《礼记·曲礼》载：“**侍坐于君子，君子欠伸，撰杖屦，视日蚤莫，侍坐者请出矣**。”说的就是当观察到对方伸懒腰，或观看时间，或拿拐杖穿鞋，做出外出的举止时，客人应主动提出告辞。

当客人提出告辞后，主人应将客人送至大门外。主人住在楼上的应该送到楼下。如果主人年事已高，客人应推辞，但无论客人如何推辞，主人也应将客人送至单元门外或电梯旁。

在饭店中进行的宴请结束时，相继离开饭店的客人应向服务人员致谢。主人在最后离开饭店时也应向服务人员致谢。

第三节 宴请后的问候

宴请结束后，邀请人应在第二天对一些参加宴请的长者、尊者进行问候。一是再次感谢对方的光临；二是询问对方参加宴请活动后的身体状况。现代社会中，通信技术十分发达，这种问候可以使用电话、短信问候，不必亲自前往。

参考书目

1. 张志聪集注:《黄帝内经》,北方文艺出版社,2007 年版。

2. 吕友仁、李正辉注译:《周礼》,中州古籍出版社,2010 年版。

3.《论语》,中华书局,2006 年版。

4. 黄怀信著:《逸周书》,三秦出版社,2006 年版。

5. 老子著:《道德经》,金盾出版社,2009 年版。

6. 耿天勤注译:《战国策》,湖北辞书出版社,2012 年版。

7. 马玉婷、方隽译注:《韩非子》,广东旅游出版社,2010 年版。

8. 赵捷、赵英明注译:《左传》,湖北辞书出版社,2012 年版。

9. 王鹏整理:《荀子》,上海古籍出版社,2010 年版。

10. 鲁同群注评:《礼记》,凤凰出版社,2011 年版。

11. 李山译注:《管子》,中华书局,2009 年版。

12. 刘亦工译:《吕氏春秋》,湖北辞书出版社,2012 年版。

13. 曹亦冰译注:《说苑》,凤凰出版社,2011 年版。

14.(西汉)司马迁著:《史记》,线装书局,2012 年版。

15. 万斛泉撰:《童蒙须知韵语》,青岛出版社,2005 年版。

16.(明)宋濂等撰:《元史》,中华书局,1976 年版。

17. 卫绍生注译:《弟子规 · 弟子职 · 朱子治家格言》,中州古籍出版社,2010 年版。

18.(明)李时珍著:《本草纲目》,江苏人民出版社,2011 年版。

19.(明)陆容撰:《菽园杂记》,中华书局,2007 年版。

20. 洪镇涛主编:《小儿语 · 续小儿语》,上海大学出版社,2012 年版。

21. 吴洋、高小慧译注:《童子礼》,中华书局,2012 年版。
22. (晋)陈寿著,陈君慧译注:《三国志》,线装书局,2008 年版。
23. 龚书铎主编:《梁书》,巴蜀书社,2012 年版。
24. (明)施耐庵著:《水浒传》,中国纺织出版社,2012 年版。
25. (明)罗贯中著:《三国演义》,长春出版社,2006 年版。
26. (明)兰陵笑笑生著:《金瓶梅词话》,人民文学出版社,2008 年版。
27. (清)袁枚著,陈伟明编著:《随园食单》,中华书局,2010 年版。
28. (清)曹雪芹、高鹗著:《红楼梦》,长春出版社,2006 年版。
29. (清)吴敬梓著:《儒林外史》,长春出版社,2008 年版。
30. 夏仁虎著:《枝巢四述/旧京琐记》,辽宁教育出版社,1998 年版。
31. 修来龙著:《陈龙传》,群众出版社,2011 年版。
32. 钱锺书著:《钱锺书散文》,浙江文艺出版社,1997 年版。

后记

《席面文化》是一本讲"礼儿"的书。中国人很讲"礼",老北京人也特别讲"礼儿"。按照咱们现代人的理解,"礼"就是礼仪、礼节。自己觉得礼实际是一个人加强自身修养、提高个人素质品位,规范社会交往、建设和谐社会的道德规范。礼并不神秘,礼无处不在:大到一个民族的文化构成,小到一个人的为人处世;大到国家的庆典,小到单位的活动;大到加强和谐社会建设,小到一个家庭的亲情,处处时时都体现了礼的存在。"席面文化"实际上就是老百姓在饭桌之上相关礼节的体现。

礼是中国传统文化的重要组成部分。笔者生在20世纪50年代,没有受过传统文化的系统教育。但估计因为"中华文化基因"所致,懂事以后很喜欢这些有关礼仪方面的传统知识,但一直没有机会系统地学习,所以在日常生活中,无论在什么场合、通过什么渠道,只要听到自己感兴趣的传统礼仪文化知识,便马上认真地记下来,等着有空闲的时间,再仔细品味其中的道理。比如说"礼义廉耻,国之四维"这两句话,就是自己听相声时所得。有一次听马三立先生的相声,相声中有一句台词:"礼义廉耻,国之四维。四维不张,国乃灭亡。"听过之后,自己觉得很有道理,当时就记下来了。后来查了查资料,得知这四句话是欧阳修所说。由于自己对中华传统文化知识了解得很不系统,这本薄薄的小册子虽然只有十余万字,但是从动笔到完成竟用了两年半的时间。实际上,内容的主框架自己只用了两个星期便完成了,但是在完成主框架之后,对内容的再确认竟用了两年多的时间。并且这种确认有时还是很痛苦的事。中间自己曾经几次准备放弃,最后在朋友的鼓励之下还是坚持下来了。所以这本书的完成应该感谢李甡先生及张连登、冯恩援、姜俊贤、汤庆顺、李燕山、李宇红、胡丽霞、王剑、周雪梅等朋友、同人。没有他们对此书的肯定和支持,自己很可能就放弃了。

自己对传统文化知识了解得不系统,但由于家庭中父母的教育,从小便对席面上的传统礼节有所了解。父母对孩子要求得很严,行走坐立、待人接物都需规范。现在回想一下,应该感谢父母对自己的教育。正是由于父母的教育,才使得自己对这些生活中的传统文化知识有所了解。自己也希望通过这本书的发行,使自己家族中的晚辈能够将这些传统文化知识传承下去。

这本书我请书法家金煜先生题写了书名，请北京市商业文化研究会会长张连登先生作序。此书的完成还得到了李万军、何先球、赵永忠、刘宝元等同人的帮助，在此一并表示衷心的感谢。

吕长鸣

于二〇一三年春